JN069064

人とのかかわりで育つ

# 言語・コミュニケーションへのアプローチ
## 家庭・園・学校との連携

編著 大伴潔・綿野香・森岡典子

学苑社

# まえがき

　子どものことばは身近な人と思いを伝えあいながら育ちます。本書のタイトル「人とのかかわりで育つ言語・コミュニケーションへのアプローチ」は、子どもが身のまわりの物や出来事に興味を広げ、自分の発見や喜びを思わず人に伝えたくなるような環境をどのように作るかということを念頭に置いています。「話す・伝える」という子どもの行為そのものよりも、本書は「何を話そう・伝えようとするか」という子どもの意欲に焦点を当てています。あわせて、大人自身が子どもに受け入れてもらえるようなかかわり方の工夫を凝らすこともテーマです。

　一方で、ことばの発達に遅れがある場合、保護者が気づいたり、乳幼児期の健診で指摘されたり、あるいは子ども同士のやりとりをつぶさに見ている幼稚園・保育園の保育者が保護者に伝えることもあります。家族はもとより、巡回相談にかかわる言語聴覚士（ST）などの専門職や学校での外部専門家を含め、さまざまな立場の人々が子どもの育ちを支えています。子どもにかかわる人同士が共通の意識をもって連携し、お互いの立場を補い合うことで、子どもは柔軟な網（ネットワーク）のなかで育っていきます。そのなかでことばの発達の支援者はどのような役割を果たすかというサブテーマが副題「家庭・園・学校との連携」に込められています。

　本書はことばの発達の遅れだけでなく、肢体不自由と知的障害の重複障害のある子どもも視野に入れています。事例を紹介する執筆者は、STや教員として長年の現場経験から得たノウハウを注ぎ込み、子どもたちや家族へのサポートに役立ててもらいたいと願いながら、支援のコツや教材の使い方などを具体的かつ丁寧に解説しています。本書を通して支援者同士が専門性を高め合い、ひいては子どもの経験を豊かにする工夫が広がることにつながれば幸いです。

　本書の刊行にあたっては、著者を支えてくださった鳥居千登勢さん、武藤友佳さん、小山久実さん、平野千枝さんら「チームわたの」の皆様に深謝いたします。また、入稿後の作業を迅速に進めてくださった杉本哲也様をはじめとする学苑社の皆様にもお礼を申し上げます。

2021 年 3 月　執筆者を代表して　大伴　潔

<br>

目　次

4

# I

言語・コミュニケーションへの
発達支援のエッセンス

　言語発達は連続性のある変化です。話しことばの場合、最初の段階で身につける語彙は、音節に意味が結びついた記号であり、話し手の意図は音節のつながりを通して相手に届きます。しかし単語（例えば「でんしゃ」）だけでは意味の範囲が広すぎるので、語をつなげて伝えたい内容に近づけていきます（「でんしゃはやい」）。ルールにもとづいて語がつながる「文法」や、2つ以上の文が連なる「談話」へと展開する過程は「記号体系の高次化」と言い換えることもできます。その一方で、そもそも人に伝えたいと思ったり、興味の対象がなかったりすれば、表現しようとも思わないでしょう。そのほかにも、子どもが耳にすることばかけの頻度や内容といった言語環境、子どもの注意や認知の特性、人とのかかわりのスタイルや社会性の発達などもかかわっています。このような幅広い視野は、子どもへの支援を考える際に欠かせません。本書では、言語発達を、その土台となる人とのかかわりも含めて「言語・コミュニケーション発達」として扱い、環境とのかかわりのなかで変化する、人間全体の発達として捉えます。それを踏まえて、支援のニーズのある子どもにとって望ましいかかわり方について考えていきます。

##  言語・コミュニケーションの発達段階

　言語・コミュニケーションの発達に明確な発達の区切りや段階はありません。しかし、子どもの発達水準に応じた手立てを考えるにあたり、ここでは便宜的に、乳幼児期から学齢期までの発達を4つの段階に分けて考えることにします。それぞれの段階における、対人関係、社会性、自発性、集団参加などを含む「コミュニケーション」と、「語彙」「統語（文法）」「談話」「書記言語」の各言語領域の特徴は図Ⅰ-1のように整理できます。

##  前言語期（❶）の子どもにおいて育てたい力は何か？

　発達の最も初期にあり、まだ有意味語の理解や表現に至っていない子ども

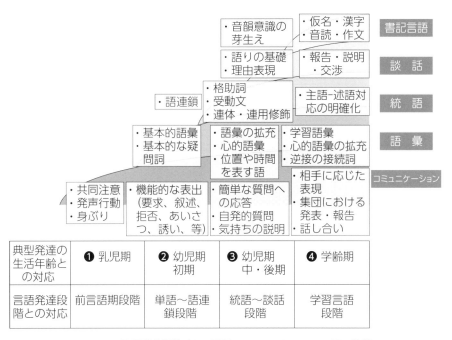

**図 I-1　言語発達段階ごとの言語・コミュニケーション面の特徴**

は、身の回りの全般について大人の手を借りながら日常生活を送っています。
重度の重複障害のある子どもは、視覚や聴覚、運動面にも困難があるかもしれ
ません。最重度の遅れのある子どもは、自分から身近な人や物に働きかける自
発性が乏しかったり、周囲からの働きかけに応じる力も低かったりします。そ
こで、「周りの世界に近づいていく力」、すなわち自発的に人にかかわり、物を
探索するような自発的な行動が育つことが期待されます。このような子ども
が、自分から周りの世界にアプローチするようになる前提として、1）周りの
世界の意味がわかること、2）環境に働きかける意欲があり、働きかけるレ
パートリーをもっていること、3）自分が受け入れられる環境が用意されてい
ること、の3点が挙げられます。なお、これらは遅れの大きい子どもの支援
には特に重要ですが、より発達段階の高い子どもにも当てはまります。

## 1）「周りの世界の意味がわかる」

　発達の遅れが大きい子どもは、注意が向けられる対象も自分自身の身体やごく身近なところに限られ、身体に触られたり、目の前に物が提示されたりして初めて人の動きに気づくかもしれません。このように「物理的な距離」が限定されています。また、「今起こっていること」には注意が向いても、次に起こることを予期しにくいという「時間的な流れ」の理解の難しさもあるでしょう。自分の行動とその結果として起こることとの関連に気づけなければ、自分の要求を通すために意図的に何らかの行動を取るといった、見通しをもった行動を示すことはないでしょう。したがって、まず**出来事の流れ**を理解することが、意味のある行動の生起につながると考えられます。例えば、以下のような出来事の流れがあります。

　　▶人が近づくと何かが起こる。
　　▶音楽が聞こえると活動が始まる。

　「音楽が聞こえると活動が始まる」という流れを理解する子どもは、音楽が聞こえたときに次に起こる活動を期待したり、音楽が聞こえる時間を心待ちにしたりするかもしれません。また、「スプーンが口に近づくと、スプーンには食べ物が乗っている」という流れを理解する子どもは、「口を開けて待つ」という行為を示すでしょう。つまり、**2つの出来事の流れ（音楽→活動）を理解することは、最初の出来事（音楽）を経験したときに、次の出来事（活動）を期待する**ことにつながります。また、「泣く」「声を出す」といった自分の行動が、期待する出来事につながるということを理解（学習）した子どもは、意図的に泣いたり声をあげたりして、期待する出来事を要求するかもしれません。つまり、**2つの出来事の流れ（泣く→スプーンと食べ物）を理解することで、泣いたり声を出したりして、スプーンと食べ物を期待する**という**要求行動**に展開します。

### ◉ 出来事の流れの理解を促す環境づくりとは

　自分の生活のなかに連続する流れがあることを理解し、見通しをもって生活

に参加してもらうための環境づくりには、以下の3点のポイントが挙げられます。

　①<u>時間的連続性のあるパターンの経験</u>：　乳児を相手にした「いないいないばあ」遊びのように、連続した出来事の流れのパターン（顔を隠して→笑顔で「ばあ」）の繰り返しは、連続性が理解されやすい状況です。このようなパターン化した流れを**ルーティン**と呼びます。流れが身についている子どもでは、「いないいない……」で時間をかけてじらすと、子どもは自分から「ばあ」と言ってみせるかもしれません。帽子をかぶるとお出かけ、配膳されたテーブルについたら「いただきます」という流れもルーティンと言えます。日によって活動の流れが変わることがないように、流れをパターン化し、わかりやすいルーティンを設定することは、自分から参加しようという意欲も育てます。

　②**多感覚的な手がかり**：　流れを経験するとともに、「いないいない」「お外行くよ」「いただきます」といったことばかけのフレーズも記憶に残ります。決まったフレーズのことばかけ、音や音楽の聴覚的手がかり、さらには帽子を見せて外出の合図とする、楽器を見せて次の活動を伝える視覚的手がかりといった、**多感覚的な支え**も流れの理解を促します。

　③<u>高頻度の繰り返し</u>：　このような、時間的に隣接する出来事のまとまりに気づくには、繰り返しが必要です。流れを頻繁に経験することで、定着が図られます。

## 2)「働きかけるレパートリーをもっている」

　子どもが、「周りの世界に自分から接近するようになる」ということには2つの意味合いがあります。ひとつは「**周りの物に向けて働きかけること**」、そしてもうひとつは「**周りの人に向けて働きかけること**」です。

　**周りの物に向けて働きかける**とは、物に触ったり、握ったり、振ったり、動く部分を操作したりするなど、興味をもって**探索する**ということです。探索行動を引き出すには、物に働きかける**意欲が高まるようなものを用意**したり、**物に働きかけると興味深いことが起こるという状況を大人が例示**したりします。電動の玩具や楽器は、スイッチを操作すると一貫して反応するので、発達の遅

れが大きい子どもにも探索の結果が見えやすい物です。しかし、一本の鉛筆で
も、鉛筆の先を指で支えて机の上に立てて見せ、指を鉛筆から離せば「カラ
ン」と音を立てて倒れるということを理解すれば、それだけで十分に興味を十
分にひくかもしれません。大人が立ててみせた鉛筆に向けて子どもの手が伸び
るタイミングで指を離すことを繰り返せば、自分の行為で鉛筆が倒れるという
ことに気づくでしょう。このように、自分から物に働きかけ、活動に参加する
レパートリーが広がるように、**かかわり方のモデルを示してあげる**ことも大切
です。

　**周りの人に向けて働きかける**ことを促すには、働きかけられた大人自身が、
表情や身ぶり、話しことばなどで子どもの行動を受け止めたことを示してあげ
ます。子どもの側の表出には、「視線」「表情」「身体の動き」「発声」などがあ
るでしょう。それらの**表現方法**のレパートリーに、「要求」「拒否」「あいさつ」
「誘い」「報告」といった**コミュニケーション機能**が組み合わされて、有効な伝
達手段となります。その際、子どもから発信された表現に込められた機能に気
づく、大人側の感受性も必要です。

## 3）自分が受け入れられる環境が用意されている

　子どもが自分のレパートリーを発揮するには、**自分を肯定的に受けとめても
らえる環境**が大前提となります。そのうえで、人とかかわることが**楽しい経験
になる**ことが、人への自発的接近の意欲につながります。情動や心の安定は、
他者との円滑なコミュニケーションに必須です。図Ⅰ-2に示すように、子ど
もの何らかの表現に対して大人が受容した場合と、否定を示した場合とを考え
てみましょう。**受容・承認**されると、子どもは**安心**を感じ、同様の経験を重ね
ることで**信頼・愛情**の深まりにつながり、受け入れられる経験を前提として**大
人への自発的な接近**が増えると考えられます。一方、**拒否・不承認**を経験した
子どもは**不安**を感じ、同様の経験を避けるために**孤立・逃避**へとつながるかも
しれません。このような環境では、子どもからの自発的なコミュニケーション
が育つことは期待できません。

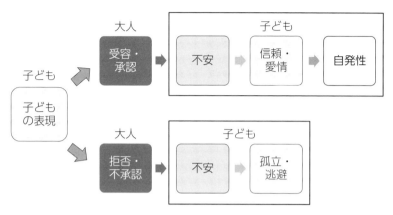

図Ⅰ-2　子どもの表現に対する大人の対応とその後の関係性

# ③ 発達段階ごとの「ことばの働き」

　図Ⅰ-1で、4つの発達段階を示しましたが、本節では、それぞれの段階において、ことばがどのような役割を果たしているのかについて概観します。

## 1）❶前言語期段階におけることばの働き

　前言語期には、音声言語（あるいは手話言語）としての有意味語は獲得していませんが、ここでは言語獲得への移行期の意義について考えていきます。

　ことばを身につけることで、子どもと周囲とのかかわり方に変化が生じます。有意味語をまだ獲得していない前言語期の子どもにとっては今後の目標ですが、図Ⅰ-3に示す「ことばの働き」を意識しながらことばかけを心がけます。

　ことばの働き❶-a.　人とかかわるためのことば

　乳児期初期には、「泣く」という子どもの生理的な行動は、親には空腹や不快の訴えと解釈され、視線が合ったり、子どもが微笑んだりすることは肯定的な絆と感じられます。視線や表情、発声といった非言語的コミュニケーション

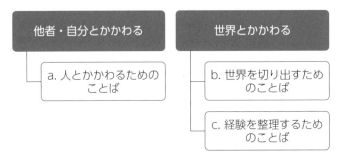

**図I-3　❶前言語期段階におけることばの働き**

で親とかかわっていた子どもは、次第に儀式化した表現様式を身につけ、大人の手を振り払って**拒否**を示したり、物に手を伸ばしながら声を出して**要求**したり、物に手を伸ばした後に大人を見て共感を求める**叙述**の行動を示したりするというように、意図的な伝達を行なうようになります。ことばの前段階ではありますが、**相手とかかわるための**慣用的表現です。子どもと経験を共有しながら、偶発的に出会う場面や設定された「ルーティン」を基盤として、大人が身振りや短いことばかけを繰り返し、人とかかわるためのことばに親しんでもらいます。

　ことばの働き❶−b.　世界を「切り出す」ためのことば

　「みみ」や「くち」など、身体部位を表すことばは比較的早く獲得されますが、その理由のひとつを示唆する研究があります。Seidl ら（2015）は、生後4か月の乳児が無意味音節の連鎖を聞き続けるなかで、特定の組合せ [dobita]が聞こえる際に常の自分の肘に触られる経験を積むと、[dobita] という音節のまとまりを認識するようになったと報告しています。無意味な音節の連続のなかから、特定の音節連鎖のパターンを見つけ出すことは容易ではありませんが、身体に触れられながら聞いた音節パターンだけは区切られて抽出され（**分節化**）、印象に残るようです。語の区切りがわかるということは、語のまとまりに意味を付与することにもつながっていきます。子どもの身体に触れながら話しかける、身体接触（触覚）＋語りかけ（聴覚）という**多感覚的な**経験は、言語を習得するうえで、聴覚だけの経験とは異なる価値を有するようです。

　ひと続きの音声に切れ目があることを知り、さらにひとつずつのまとまりが意味と結びつくようになると、今度は語彙という記号を通して、子どもが目にする特定の事物に光を当てるようになります。乳児が獲得していく語彙が、日常生活で目にする世界と密接にかかわっていることを示す研究があります（Clerkin et al., 2017）。帽子に取りつけたカメラで、8～10か月の乳児が見ている食事場面を記録したところ、幼児の視野に高い頻度で入る物品は「テーブル、いす、カップ、スプーン」などかなり限定されることが明らかになりました。しかも、**高頻度で経験するこれらの物品の名称は、最も早期に獲得される名詞と一致**しており、日常生活での経験の頻度が語彙獲得の順序と密接に関連していることが示唆されました。子どもの語彙の獲得は、**ことばと指示対象との対応づけ**（mapping）あるいは**表象化**の過程であると言えます。子どもが見ている対象物を大人が読み取って、それをことばに置き換えて言語化して聞かせることは、雑然とした世界のなかの特定の事物にスポットライトを当てて「切り出す」ことに相当します。音声言語にせよ、手話や図版シンボルにせよ、一旦その語彙を獲得すれば、今後はその語彙が世界の一部を象徴することになります。

### ことばの働き❶−c. 経験を整理するためのことば

　子どもにとってイメージが湧きやすく、自分自身も発音しやすいことばとして、**擬音語・擬態語（オノマトペ）**があります。視覚的イメージとことばとの関連について調べるため、Asano ら（2015）は、11 か月の乳児に形の図版を見せながら音節を聞かせ、そのときの脳波を計測しました。見せた図版は、マンガの吹き出しのような丸みを帯びた形と、星形のような尖った形の 2 種類です。視覚と聴覚に不一致のある条件（丸みを帯びた形を提示しながら [kipi] という鋭い音感のある音節を聞かせた場合や、尖った形を見せながら [moma] という柔らかさのある音節を聞かせた場合）において、独特な脳波が見られることを報告しています。このことから、1 歳前からの音イメージと視覚的イメージが合致しているのか否かに気づいているということがわかります。つまり、オノマトペに結びつくイメージを早くからもっているということです。子どもが経験する感覚をオノマトペに置き換えて聞かせることは、子どもにとって経験を整

16

理することにつながると考えられます。例えば、子どもがブランケットに乗って揺らされるブランコを楽しんでいる間、「ゆーらゆーら」ということばを繰り返し聞かせれば、揺れる感覚はオノマトペに記号化され、「ゆーらゆーら」は「揺りブランコ」というように、オノマトペ自体が活動を表すことばとして表現されるようになるかもしれません。

　同様に、柔らかさや触り心地のなめらかさという手触りの触覚的イメージを「ふわふわ」「すべすべ」といったことばで言語化することもできます。このように、子どもの経験をことばに置き換えて聞かせることは、子どもの関心の対象を「ピンどめ」していく過程であると言えます。

## 2）❷単語～語連鎖段階におけることばの働き

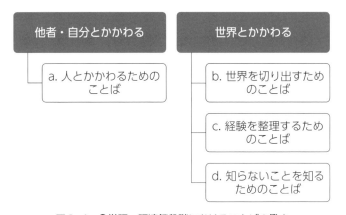

**図Ⅰ-4　❷単語～語連鎖段階におけることばの働き**

　次に、単語～語連鎖段階におけることばの働き（図Ⅰ-4）について考えていきます。

### ことばの働き❷-a.　人とかかわるためのことば

　非言語的コミュニケーションで親とかかわっていた子どもは、ことばを獲得すると、表現する意図や機能にも幅が広がり、**あいさつ**（「おはよう」）、**誘い**（「やろう」）といった人に接近するためのことばや、**叙述**（「落ちた」）、**共感**（「おいしい」）といった状況を共有するためのことばも身につけます。「やって」

という直接的な**要求**だけでなく、「やる！」と**自己主張**することで相手をコントロールする表現も出てきます。

### ことばの働き❷−b.　世界を切り出するためのことば

　私たちの身の回りには無数の物がありますが、人間の認知は一つひとつを全く別個の物として扱うのではなく、ある程度、似た物同士を仲間として扱う整理をしています。例えば、ミルクを入れるための手で持つ器は、色や形、大きさは異なっていても「コップ」としてまとめ、柴犬やチワワ、リトリバーと見かけは違っていても「犬」と見なします。「共通性のある特徴を有する事物のまとまり」を**概念**と呼び、一つひとつの概念が代替となる記号（ことば）と連合していることで、私たちは外界を効率的に認知し処理できます。子どもが特に注目する事物に語彙を対応づける（マッピングする）ことで、複雑な世界のなかから特定の事物を切り出したり、事物そのものの代わりに語彙で表現したり、共通する特徴をもつ物を見つけ出したりするのに大きな働きをします。さらに、「犬、猫、馬」は「動物」という**上位概念**にまとめ上げることで、いくつかの下位概念が上位概念と結びつく**概念のネットワーク**が作り上げられます。事物の名称だけではなく、数字という記号を使った「数」も世界を整理する概念です。

### ことばの働き❷−c.　経験を整理するためのことば

　五感を通して受け止められた状況や、そのときに生じた感情、自分がとった行動をことばに置き換えることで、ことばが経験を象徴することになります。身体的な感覚（「暑い・寒い」）や、目にした状況（「ワンワン食べてる」）、そのとき感じたこと（「かわいい」）など、経験から思いにことばを与えていきます。積み木を使った見立て遊びの展開をことばで表現すること（「発車します」）は、架空の状況を意味づけし、展開を整理していると言えます。

　人間が世界から切り出す対象や、整理される経験の対象には、物や動き、事物の特徴などさまざまな種類のものがあります。また、それらが語彙に置き換えられ、文としてつながるときの規則性から、名詞、動詞、形容詞といった品詞として体系化されます。

　ことばの働き❷−d．知らないことを知るためのことば

　人間は「知りたい」という好奇心や欲求をもっているようです。語連鎖を産出できる段階になると、「なに」という基本的な疑問詞で質問をするようになります。しばらくして、「どこ」「だれ」「どっち」なども使えるようになり、質問を通して、知らない情報を得ようとします。

## 3）❸統語〜談話段階におけることばの働き

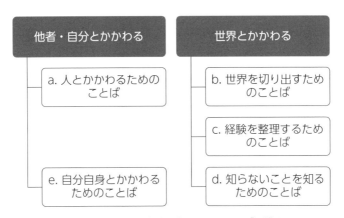

図Ⅰ-5　❸統語〜談話段階におけることばの働き

　2−3語文の発話が聞かれる語連鎖段階のあとに、複数の語が文法という規則性をもってつながる**統語段階**に移行します。さらに、相手との文のキャッチボールで会話が成立したり、複数の文がつながったひとまとまりで話したりすることができるようになり、複数の文が連続する**談話段階**に入ります。この段階（図Ⅰ-5）でのことばの働きについて見てみましょう。

　ことばの働き❸−a．人とかかわるためのことば

　典型的な発達では幼児期の後半に入ると、対人関係を調整するためのことばを使用することに習熟してきます。1歳半〜3歳半の時期と5歳の時期で、「親の指示に従わない場面」の様子を調べると、泣いたり怒ったりという感情的な反抗や無言で従わないといった行動が年齢とともに少なくなり、5歳児では率直に断ったり別の提案をするなどの交渉が増えることが明らかになりまし

た（Kuczynski & Kochanska, 1990）。また、ことばで上手に反抗ができる5歳児ほど、母親への要求の仕方でも長けていることも示され、言語が人とかかわりを調整する媒介となっていると言えます。ことばを通して相手と自分との行動を取り決める「約束」も、人とかかわることばに位置づけられます。

### ことばの働き❸−b．世界を切り出するためのことば

この段階では、語彙がさらに拡大し、個別の事物の名称や動きや状態を表すことば（動詞・形容詞）、上位概念を表す語（「楽器、植物」など）の知識も増え、概念のネットワークがさらに広がっていきます。また、認知の発達にともない、位置（「上・下・前・うしろ」など）や時間（「今、さっき、あした、きのう」など）に関する気づきをことばで表現することもできるようになっていきます。事物の名称は目にしていることを命名するためだけでなく、「ようちえん」ということばから幼稚園での生活や遊び、友達も含めた全体をイメージするように、ことばは物・出来事・行為の代替物（シンボル）となり自分のなかに位置づいていきます。

### ことばの働き❸−c．経験を整理するためのことば

経験には連続した時間の流れがあります。「公園行って遊んでたら、犬が来て」のように接続助詞で時間的な経過に沿って語ったり、「だから」を使って因果関係や理由について話したりすることができるようになります。実際に経験したことの語り（パーソナルナラティブ）だけでなく、ごっこ遊びなどのなかで想像の世界を語ることもあります（フィクショナルナラティブ）。

### ことばの働き❸−d．知らないことを知るためのことば

目の前にない事柄についてもことばを介して知識を増やしていきます。情報を得るための疑問詞として、時間を尋ねる「いつ」や理由を求める「どうして」も語彙に含まれるようになり、質問を通して自分から積極的に得ようとする情報の幅も広がっていきます。「～ってどういう意味？」という子どもの問いかけは、ことばの意味をことばによる説明だけで考えることができることを示しています。このような、ことばについて客観的に考えることをメタ言語と呼びます。しりとり遊びは、ことばの最初や最後の音のまとまり（拍）を意識化するメタ言語的活動ですが、このようなメタ言語の力は、学齢期にさらに発

揮されるようになります。

　ことばの働き❸－e.　自分自身とかかわるためのことば

　ことばの働き❸－a で他者との交渉でことばを活用するようになると述べました が、自分自身の気持ちや行動をコントロールするためにもことばは使われます（自己統制）。「がんばる」「がまんする」といったことばは自分の気持ちを引き締めることばであり、「はじめに」「終わったら」というスケジュールを示すことばは行動の順序を意識することにつながります。また、自分自身や他児について「～が好き」「～がじょうず」と客観的に捉えることは、自己理解・他者理解にことばがかかわっていることを示しています。

## 4）❹学習言語段階におけることばの働き

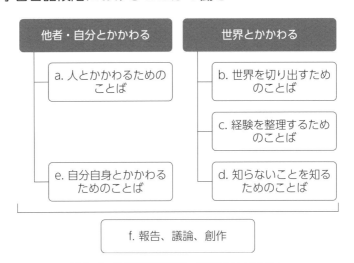

図Ⅰ-6　❹学習言語段階におけることばの働き

　学齢期に近づくと、直接的な経験からだけでなく、ことばを通して世界をより深く知り、知識を広げていくようになります。ことばによる学びに比重が置かれる**学習言語段階**におけることばの働き（図Ⅰ-6）を見ていきましょう。

　ことばの働き❹－a.　人とかかわるためのことば

　幼児期の遊びは身体の動きをともなうものが中心ですが、徐々にことばのや

りとりが増え、学齢期になるとテレビやゲーム、アイドルなど、自分の興味の
あることをことばで仲間と伝え合い、共感し合う場面が増えていきます。こと
ばで交渉する機会も増加し、対人的スキルの高まりとともに、人とかかわる場
面での言語的内容も複雑になっていきます。また、教師に対することば遣い
は、仲間への話し方と明確に異なる**丁寧表現**になり、相手に応じて変化する表
現を身につけていきます。

　　ことばの働き❹−b.・c.　世界を切り出す・経験を整理するためのことば

　幼児期の語彙は、生活で経験する身近な語彙が中心であり、それにテレビな
どのメディアや読み聞かせなどで耳にする語彙が加わると考えられます。一
方、学齢期には文字で表記されたことばを読んだり、書かれたことばが読まれ
るのを聞いたりする経験を通して、新たな語彙が習得されるようになります。
これらの多くは、教科等の学習で用いられる**学習語彙**です。日常生活では耳に
する頻度の低い語であり、意味的抽象度が高い漢字熟語（「安全、平和、勇気」
など）が多く含まれます。「うれしい・怒る」といった心の状態を表す**心的語**
**彙**は幼児期にもありますが、学齢期にはさらに増加し（「くやしい・安心する・
残念」など）、**作文活動**において経験を振り返るなかでも使われます。また、
語彙の拡充だけでなく、統語面でも複雑な内容が表現できるようになり、主語
と述語の対応関係が明確にされた文章によって、経験がより精緻化して表現さ
れます。作文によって文字で表記する際には、とりわけ文のわかりやすさや文
法の正確さが求められるようになります。

　　ことばの働き❹−d.　知らないことを知るためのことば

　学校での授業の多くは、言語を介して知らないことを知る知識の習得です。
教科書には、新しい情報が整理されて文章化されています。授業ではメタ言語
的活動も多く、なじみのないことばを定義づけたり、類似語や反対語を想起し
たり、辞書を使って語の意味を調べたりするのはメタ言語の活用です。

　　ことばの働き❹−e.　自分自身とかかわるためのことば

　心的語彙は自分の気持ちを整理する際にも有用です。自分の行動を振り返っ
て反省したり、「次はこうしよう」と計画・作戦を立てたりするのにもことば
が活用されます。

ことばの働き❹-f．さまざまなことばの働きの統合：報告・議論・創作など

　学齢期には、上記のすべてを統合した活動も求められるようになります。学級での「発表」や「報告」、「話し合い」は、世界を言語化し、自分の経験や見方をことばで整理し、知らないことを調べることで成立します。また、発表・報告・話し合いは自分のなかで完結するのではなく、他者とかかわり、自分自身はどう思うのかを突き詰めながら、相手の考えとも比較するという点で、ことばのすべての側面が統合されていると言えます。

 # 4 言語・コミュニケーション発達を支える諸要因と支援の要点

　本節ではこれまで概観した発達過程を踏まえ、発達的研究から得られた支援に有用な知見のいくつかを整理して紹介します。母子間の自然なかかわりのなかには、言語やコミュニケーションの発達を促すヒントが含まれていることが明らかになっています。自然なやりとりで生じる相手や事物への注意、対象への働きかけのスタイル、情動を含めた多様な経験、といった側面の調整を通して、幼児期の言語・コミュニケーションの水準を高めることを目指す支援方法を**発達論的アプローチ**と呼びます。このほかに行動スキルの形成を目指す**行動論的アプローチ**もありますが、本書では主に、自然に子どもとかかわるなかで子どもの潜在的な発達の力を最大限に生かす方策について焦点を当てます。また、幼児期後期から学齢期の言語については、土台となる認知やメタ言語の力も求められるため、認知面や学習スキルも含めた別の支援の枠組みが必要です。学習言語段階での支援についても触れていきます。

## 1）ものを介してかかわる──共同注意にもとづくやりとり

　乳児期の前半は、子どもと親との対面したかかわりに見られるように、視線や表情による相互のかかわり、親からのことばかけといった〈**子どもと親との直接的な関係**〉が主なコミュニケーションのスタイルです。並行して、子どもは手に触れた積み木を口に運んだり、手に持ったガラガラを振ったりして探索

する〈子どもと物との関係〉も育っていきます。最初は手に触れた物を探索しますが、0歳代半ばには自分から物に接近して探索するようになります。好奇心は**探索行動**を促し、周囲の事物についてより深く知る認知発達につながります。

　9か月頃に、母親の視線や指さしの方向をたどって、その先にあるものを確認することができるようになります。これを**共同注意の成立**と呼び、〈子ども－親－物の三者の関係〉ができあがります。子どもが大人の注意の方向を誘導する指さしや「ほら見て」といったやりとりは共同注意の発展形です。このような共同注意行動が見られるかどうかは、その後の言語発達を予測すると言われています。母親が生後6か月の乳児と向き合って座り、子どもの右または左に顔を向けて子どもの名前を呼ぶとします。そのときに、母親の顔の向きと同じ方向を見る子どもほど、6か月後の理解できる語のレパートリーや、1年〜1年半後の表出語彙が豊富であることが示されています（Morales, Mundy, & Rojas, 1998）。親の視線を追うこと（視線の追従）ができるほど、親が発することばと対象事物とが結びつきやすく（視覚情報と聴覚情報の連合）、親の発語の意味を推測しやすいということが一因と考えられます。

　子どもが相手の視線の方向を追うかどうかとは別に、大人側の言動の調整が、発達初期の子どもの語彙獲得に影響することも明らかになっています。TomaselloとFarrar（1986）の研究では、14〜23か月の子どもに4つの物品を見せ、それらの名前を異なる条件で教えたときにどの程度学習したかを調べました。ひとつの条件では、子どもに自由に物品を探索させるなかで、子どもが探索している物の名称を聞かせます。もうひとつの条件では、子どもが4つの物を探索し終わってから、大人がひとつを掲げてその名称を聞かせます。2つの条件を比較すると、子どもが自分から興味をもって探索している物の名称の方をよく覚えていることが示されました。**子どもが注意を向けている対象**について、あるいは**子どもが行なっている行為**についてことばかけをする**言語的マッピング**が大事であることを示唆しています。発達初期の子どもには、大人が主導権を握るのはなく、子どもの注意の方向に大人が寄り添って語ることが語の習得に貢献するようです。物の名称だけでなく、子どもの行動をことばに置き換えて聞かせたり、子どもの気持ちを代弁したりするかかわりも心がけ

たいものです。

▶子どもが興味をもつ対象を用意し、子どもの注意の対象に沿って話しかけましょう。

▶子どもの行為や気持ちをことばに置き換えて聞かせましょう。

## 2）子どもへの語りかけの調整

　母親が乳児に話しかける時は、ゆっくりした速度、強調された抑揚、高いピッチという**リズム・韻律面の特徴**や、ことばの繰り返しや単純な文型という**形式面の特徴**、「今・ここ」で起こっていることについて話すという**内容面の特徴**があり、**育児語**や**対幼児発話**（CDS: child directed speech）と呼ばれています。言語発達がゆっくりである子どもへの語りかけについても、適切な語りかけの速度や注意を引きつける話し方になっているか、子どもの言語発達の水準に沿った語彙や、子どもの理解力にあった文の複雑さになっているかを意識しながら話すことが大切でしょう。また、子どもが応じるための十分な「間」をおいているかというタイミングにも留意します。

　語りかけのスタイルだけでなく、語りかけの量や質についても影響が調べられています（Rowe, 2012）。18 か月児への語りかけにおいて、語彙の数というよりも、**多様な種類の語彙**を用いて話す親の子どもほど、1 年後の 30 か月の時点で子どもの語彙が豊富であったと報告されています。また、子どもが 30 か月の時点では、過去の出来事について話すなど、「今・ここ」に必ずしも限定しない発話（**脱文脈化した発話**）を聞く子どもほど、その 1 年後の語彙が豊富であったということです。つまり、入力されることばの単なる量ではなく、**質も重要**であり、子どもの言語発達段階によって有効な語りかけの内容も少しずつ変化していると言えます。語彙や文型（子どもの 2 語文「くるまあった」に対して 3 語文「赤いくるまあったね」と文の要素を付け加えて聞かせる**拡張模倣**）のように、子どもの現在の発達水準の「ほんの少し先を行くモデル」の提示が重要であるようです。

　▶**語りかけを調整しましょう。**

　話しことばを聞く経験だけでなく、ことばを聞きながら物を操作することも

言語経験の一部です。低体重で生まれた子どもは言語発達のリスクが高いことが知られていますが、24 か月の低出生体重児に、子どもへ物品を差し出したり、物品の使い方を例示して子どもに使用を促したりしながらことばかけをするといった、「説明的なことばかけを伴った身ぶり」を頻繁に行なう母親に育てられた子どもほど、1 年後の言語能力が高いことが示されています（Schmidt & Lawson, 2002）。母親が物の使用を例示することで（例：容器のふたを開け閉めする様子を見せた後で子どもに渡す）物の使い方が学習され、身振りを伴うことばかけがことばの意味を明確にすると考えられます。

▶聞く（聴覚）、見る（視覚）、動かす（運動）など、多感覚的な活動を提供しましょう。

## 3）子どもの発話へのフィードバック

　会話では相手の表出に応答もします。乳児の母子間のやり取りの変化を追跡した研究（Tamis-LeMonda et al., 2001）では、13 か月の時点で、子どもの発声に**タイミングよく、子どもの意図に沿って**適切に応じる母親の子どもほど、①子どもの話し始め（始語）が早いだけでなく、②表出語彙が 50 語に達する時期、③最初の 2 語文の時期、④過去の出来事について最初に表現する時期のいずれもが早かったと報告しています。子どもの遊び行動に適切に応じる母親の子どもにも、同様の傾向が見られたとのことです。

　また別の研究（Tamis-LeMonda et al., 1996）では、13 か月時点で子どもの遊びへの応答性の高い親の子どもは、20 か月の時点で象徴遊びがより頻繁に見られる傾向も見られたとのことです。つまり、子どもの遊びに対して親が積極的に応じることがその後の育ちに影響する可能性があるということです。

　適切なフィードバックは、子どもにとっては、自分の表現や行動が相手に受け入れられたと感じ、充足感を得るという側面もあります。このことは、さらに伝えたいというコミュニケーション意欲を高めるという好循環を生むでしょう。

▶子どもの表出に適切なフィードバックを与えましょう。
▶タイミングよく、子どもの意図に沿って応じてあげることを通して、表出の達成感を与えましょう。

## 4）ルーティンの活用

　食事を始める前に「いただきます」と手を合わせたり、出かける家族を母親と玄関で見送る場面で「バイバイ」と手を振ったりする定型的なパターンは**ルーティン**と呼べます。一定の流れや繰り返しのあるルーティンを豊富に経験し、流れの見通しをもつことができた子どもは、そこに積極的に参加しやすくなります。その場面に沿ったことばや身振りがさらに定着していくでしょう。特別支援学校などの「朝の会」では、呼名と返事、一日の流れの確認、給食の紹介など、出来事のより大きな流れがあります。ひとつのステップを終えることが自然に次の行動への手がかりとなります。生活や指導場面にルーティンや活動の決まった流れを組み込むことは、言語学習や自発的参加の重要な足場となります。

　▶活動における文脈の支えを用意しましょう。

## 5）情動性豊かなかかわり

　大人の情動表出がことばの学習に関与していることを示す研究があります（Tomasello & Barton, 1994）。24 か月児に「toma を探しに行こう」と、無意味な toma ということばを聞かせます。そして、いくつかのバケツの前に移動し、それらの中身をひとつずつ探ります。はじめの 2 つのバケツについては、取り出した物を見て大人はしかめ面を示しますが、3 つ目のバケツから取り出した物を見て大人は喜びます。後ほど、子どもに toma を選んでもらうよう求めると、子どもは大人が嬉しい表情を見せた物が toma であると認識していることが示されました。つまり、子どもは大人の行動や表情をたどり、大人が喜んだものが toma であると認識したというわけです。このように、子どもは情動的な表出も含めた他者の言動を手がかりにして、世界を理解しようとしています。

　一方、子ども自身の情動については、気持ちが安定していたり、快の状態にあったりすることで、周囲の人との肯定的な関係が築かれます。また、活動への参加を通して多くのことを学ぶでしょう。子どもの情動の安定につながると

考えらえる手立てや工夫は次のように整理できます。

- ▶**大人自身が安定した情動を保ちましょう**：子どもと落ち着いた受け答えができ、子どもの安心感につながります。
- ▶**見通しのもてる活動の流れを用意しましょう**：不安の軽減と参加の意欲につながります。
- ▶**選択肢を与えましょう**：主体性が発揮され、選択したものが承認されれば有能感を得るでしょう。
- ▶**快の感覚、快の情動を経験してもらいましょう**：笑いが生じる環境は心の安定につながります。
- ▶**感覚・感情についての言語的フィードバックを与えましょう**：認められているという安心感につながります。
- ▶**力を加える経験を取り入れましょう**：噛む・握る・押しつけるといった行為はストレスの発散につながります。
- ▶**賞賛を与えましょう**：子どもの能力や到達度ではなく、努力に対して賞賛することで、意欲が高まります。
- ▶**安定した生活習慣を築きましょう**：睡眠と覚醒の良好なサイクルは、充実した活動につながります。

　最初に挙げた「大人自身の情動の安定」については、図Ⅰ-7に示すような図式も成り立ちます。大人の情動が安定せず、子どもの良いところを認めてことばかけをする代わりに、気になるところにネガティブなことばを投げかけたとします。言われた子どもは自己肯定感や活動の意欲が低下し、それがさらに大人のいる場面からの逃避や拒否につながったり、気持ちのはけ口として年下のきょうだいなどへの攻撃を行なったりするかもしれません。そのような行動はさらに大人からの否定的なことばかけを誘発するという「負のスパイラル」を生じることになります。なお、犬や猫などの動物を飼うことが子どもや家族全体の情動を安定させるという指摘もあります。

　覚醒水準が低かったり、対象への注意の集中がむずかしかったりする子どもは、表Ⅰ-1に示すような刺激や環境の調整が有効であると考えられます。参

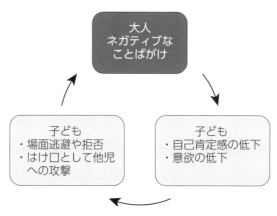

図Ⅰ-7　ネガティブなことばかけからの負のスパイラル

表Ⅰ-1　五感や身体を通した学びの環境調整

| | |
|---|---|
| ・触覚的入力の活用：触覚的な探索の機会を与える感覚的な玩具 | |
| ・聴覚的入力の活用：リズムやテンポの調整；鈴が鳴ったら止まる・動くといった、音と運動の連合 | |
| ・視覚的入力の活用：光・明るさ、色の調整 | |
| ・嗅覚的入力の活用：匂い・香りの活用 | |
| ・平衡感覚への刺激：揺らし、回転、上下動など、動きの種類と速度の調整 | |
| ・体位との関連：　姿勢の調整や、身体の安定性、筋緊張の調整、遊びにおける四つ這いでの移動など | |
| ・新奇性：　新しく、珍しい刺激や教材 | |

加意欲の向上や、積極的な探索行動、記憶の定着などにもつながると考えられます。感覚の活用や運動面の発達に詳しい専門家との協力が期待されます。

## 6）学習言語段階での支援

　学習言語段階での支援の特徴のひとつはメタ言語的アプローチであることを先に述べました。メタ言語的アプローチは、語の意味や文の構造などについて考えるなど、ことばについて客観的に考えることを通してことばを学ぶ方略です。大人でも意味が判然としない語について辞書を引いたり、ネットで調べた

りしますが、これはメタ言語的な語彙学習です。幼児も「〜ってなに？」と尋ねたりすることがあるように、メタ言語活動自体は学習言語段階よりも前に始まっています。しかし、学習言語段階はその比重が増していきます。

　絵本などの読み聞かせのなかでなじみのない語を聞くだけでなく、その語の定義を紹介しながら聞かせることで、語彙習得がさらに促進されることが報告されています（Justice, Meier, & Walpole, 2005）。また、新たな知識の習得には、**振り返り**と**繰り返し**も重要です。語の意味について復習する際に、語の意味をほかの語や概念とどのように関連するのか・異なるのかなど、ことば同士の相互の関連性について考える機会を提供することも有効です（Zipoli et al., 2016）。

　通常の学級で学ぶ児童で、ことばに苦手さがあり学習が遅れがちな子どもがいます。音読してもらった文章のなかに知らないことばはあるかを子どもに尋ねると「みんなわかる」と言うかもしれません。しかし、いくつかの語を取り出して意味を確認していくと、理解に誤りのある語が見つかることがあります。そのような場合、子どもと一緒に意味を考えていきます。意味を一方的に教えることよりも、子どもが知っている別のことばを使ってその意味を**定義づけ**しようと自分で試行錯誤するプロセスが大事です。似た意味の**類義語**や反対の意味の**対義語**を想起したりするという能動的な活動を通して、語の知識が定着し、**語想起**の柔軟性にもつながります。ことばを上位概念や下位概念に分類したり、「自動車」などのひとつの概念に含まれる具体例（バス、タクシー、パトカーなど）を挙げたりするだけでなく、「どこが似ている？」「どこが違う？」とそれぞれの共通性や違いを自分のことばで説明することも、意味についての意識化を促し、言語表現力を育てます。

　発話にオノマトペが多い子どもは、動詞や形容詞の語彙が少ないと考えられます。また、位置や方向を表す語彙（右、左、表、うら）の使用が正確でない子どもは、背景となる空間認知に苦手さがある可能性が考えられます。

　学習の単元が進むたびに出会うなじみのない語彙については、最終的には自分自身で調べる習慣をつけることが望まれます。そこに至る最初の一歩は、人に意味を尋ねることです。尋ねられた大人は「知らないの？」とネガティブな

反応をしがちですが、「これはむずかしいことばだね」「知っていることばがまたひとつ増えるね」とポジティブに応じることが大切です。知ろうとする気持ちに寄り添いましょう。教科書などでも、自信のない語に線を引くなど、印をつけることを習慣化してもらいます。辞書の使い方は授業で習っていても、実際には使い方のコツが身についていないこともしばしばです。調べた辞書のページに付箋紙を貼ったり、調べたことばにマーカーで色をつけたりして、効率的に楽しくことばと向き合うことに慣れてもらいたいものです。なお、学齢期の語彙には漢字熟語が多く登場するため、語彙の学習は漢字の学習と合わせて行なうことが重要になります。

　通常の学級における、作文に困難を示す児童の背景要因や、文字の読み書きにかかわる困難の背景要因については、**第Ⅲ章**を参照してください。

　先に、幼児期の言語的フィードバックについて述べましたが、表現レベルの高い学習言語段階の子どもには、内容面のフィードバックを返してあげます。例えば、「なるほど。でも私はこう思ったよ」と子どもの見方や興味を受け入れた上で、異なる観点を紹介したり関連する情報を提供したりする応答が、子どもの視野や興味・関心、観点の幅を広げるでしょう。

**参考文献**

Asano, M. Imai, M., Kita, S., Kitajo, K., Okada, H., & Thierry, G. (2015) Sound symbolism scaffolds language development in preverbal infants. Cortex, 63, 196-205.

Clerkin, E.M., Hart, E., Rehg, J.M., Yu, C., & Smith, L.B. (2017) Real-world visual statistics and infants' first-learned object names. Philosophical Transactions Royal Society B, 372, 20160055.

Justice, L.M., Meier, J., & Walpole, S. (2005). Learning new words from storybooks: An efficacy study with at-risk kindergartners. Language, Speech, and Hearing Services in Schools, 36, 17-32.

Kuczynski, L. & Kochanska, G. (1990). Development of children's noncompliance strategies from toddlerhood to age 5. Developmental Psychology, 26(3), 398-408.

Morales, M., Mundy, P., & Rojas, J. (1998) Following the direction of gaze and language development in 6-month-olds. Infant Behavior & Development, 21, 373-377.

Rowe, M.L. (2012) A longitudinal investigation of the role of quantity and quality of child-directed speech in vocabulary development. Child Development, 83(5), 1762-

1774.

Schmidt, C.L., & Lawson, K.R. (2002) Caregiver attention-focusing and children's attention-sharing behaviours as predictors of later verbal IQ in very low birthweight children. J. Child Lang. 29, 3-22.

Seidle, A., Tincoff, R., Baker, C., & Crista, A. (2015) Why the body comes first: effects of experimenter touch on infants' word finding. Developmental Science, 18(1), 155-164.

Tamis-LeMonda, C., Bornstein, M.H., & Baumwell, L. (2001) Maternal responsiveness and children's achievement of language milestones. Child Development, 72(3), 748-767.

Tamis-LeMonda, C.S., Bornstein, M.H., Baumwell, L. & Damast, A.M. (1996) Responsive parenting in the second year: Specific influences on children's language and play. Early Development and Parenting, 5(4), 173-183.

Tomasello, M. & Barton, M. (1994). Learning words in non-ostensive contexts. Developmental Psychology, 30, 639-650.

Tomasello, M. & Farrar, M.J. (1986). Joint attention and early language. Child Development, 57, 1454-1463.

Zipoli, R.P., Coyne, M.D., & McCoach, D.B. (2016). Enhancing vocabulary intervention for kindergarten students: Strategic integration on semantically related and embedded word review. Remedial and Special Education, 32(2), 131-143.

# II

## 環境づくりからの
## 子どもへのアプローチ

本章では、言語・コミュニケーションに課題のある子どもや、肢体不自由と知的障害のある子どもを対象に、具体的な事例をまじえて、支援のあり方について考えていきます。

 **① 言語やコミュニケーションに課題のある幼児・学齢児**

相談を受ける段階から支援は始まります。順を追って流れを解説します。

## 1）相談と行動観察

### （1）相談を通して保護者の子ども理解を促進する

#### ◉「ことばの相談」での言語発達にかかわる担当者の役割

ことばがゆっくりな子どもたちが初めて言語発達を支援する担当者と出会うのは、家族が住んでいる自治体での「ことばの相談」であることが多いでしょう。「2歳になるのにことばを話さない」「お兄ちゃんの時と様子が違う」など家族の心配がきっかけとなって自主的な相談が始まる場合もありますが、母子保健法に基づく「1歳6か月児健康検査（1歳半健診）」「3歳児健康検査（3歳健診）」での指摘や所属している幼稚園・保育園などの先生の指摘がきっかけになることもあります。発達途上にある幼い子どもたちと、子どもに対して漠然とした不安を抱えて相談に来る家族を、言語の担当者としてどのように支えたらよいのでしょうか。ここでは、言語聴覚士（以下ST）を想定して考えていきます。

この段階で家族とかかわるときにはSTは「言語聴覚士」と「相談員」の2つの役割を担います。幼児期の発達に関する相談はことばが入り口となることが多く「ことばがゆっくり」という主訴で相談が始まっても、実際には運動・認知・行動など課題が多岐に渡る可能性があります。子どもが抱える課題や家族の疑問の全てを言語の課題として読み替えて答えるのではなく、「家族が困っていることは何か」「どこに相談するのが最適なのか」という視点で対応しましょう。これが「相談員」としての役割です。

　昨今「療育」は一般的にも広く知られるようになりました。しかしわが子に
何らかの支援が必要であると家族が認めるのはハードルが高いものです。「普
通の子と言われたい」「困っていることは特にない」「子どものことばのことで
困っていることはあるが、その点だけ解決できれば大丈夫」といった家族が、
子どもに合わせた支援を考えたり社会資源を利用したりするようになるまで、
長い道のりとなる場合もあります。子ども側のメリットを中心に考えると「早
く療育を使えばいいのに」ともどかしく思うこともあるかもしれません。しか
し子どもと長い時間接しているのは保護者です。保護者が子どものことを詳し
く知り、日々のかかわりが変わり、子どもが伸びていくことが最も効率的で
す。子どものことを詳しく知る人を保護者を中心に増やしていくことで、人的
な環境が整います。この節では子どもを取り巻く環境に ST がどのようにアプ
ローチしていくと保護者の子ども理解が進むのかを具体的に考えます。

◉「ことばの相談」初回の前に
　多くの場合、ST の専門相談に先駆けてインテークがあります。保健師・
ソーシャルワーカーからインテークの申し送りを受けた ST は、子どもについ
て、保護者について双方の対応の作戦を立てて相談に入ります。ST として初
回にどんなアセスメントをすると子どもの実態が見えるのか、インテーカーの
見立てを聞きながら「保護者が知りたいことは何か」を事前に想定し相談員と
して確認すべき点をシミュレーションします。特に園や保健センターから勧め
られてきた保護者に関してはインテーカーとの綿密な打ち合わせが必要です。

◉「ことばの相談」初回
　①導入：　相談室玄関で親子を迎え、個別室に案内します。子どもは慣れな
い場に緊張していたり、保護者は「いよいよ言語の先生に判定されるんだ」と
緊張していたりするでしょう。
　ST は親子に今から何をするかを言語化して伝えましょう。「いつもの様子
を見たいのでお友だちの家に遊びに来たような感覚で遊んでください。私はこ
こでお子さんの様子を見せていただきます。その後おうちでどんなことをする

とよいのかを一緒に考えましょう。終了時間は○時○分の予定です」。このように具体的に何をするかを伝えると保護者も見通しがもててリラックスできるようです。

②**主訴の確認**：　5分程度親子の遊びを観察した後、「今日はお子さんのことばが少ないということについてお話をするということでよいですか」とインテーカーから聞いた主訴をもとに話を始めます。保護者は他にも悩んでいること（外出したときに急に走り出すから困る、来春入園なのに排泄が自立していないなど）があるかもしれませんが、言語の担当者として責任をもって対応できる内容をテーマにします。主訴についてはなるべく具体的なエピソードを聞き出すようにしましょう。「ことばが少ない」ではなく「2歳半になるのにパパ、ママ、サメしか言わない」、「ことばを理解していない」ではなく「幼稚園の体操のときに先生の説明だけではわからないので一対一で対応してもらっている」という具合です。この時点で「パパ、ママ、サメとしか言わないことで困っているのは子ども自身なのか、両親なのか、それぞれどんな場面なのか」、「体操ができなくて困っているのは子ども自身か、先生なのか、他に園内で困っていることはないか」など、困難さを抱えているのは誰かを意識して聞き取り、意識的に言語化してフィードバックしていきましょう。このとき大切なのは、このようなエピソードに対して保護者自身がどのような思いを抱いているかを聞き取ることです。保護者自身が理由や改善策を聞きたいと思っているのか、「可愛らしいエピソード」や「個性」と捉えているのか、保護者の口調や表情を観察しながら確認しましょう。

③**行動観察の進め方**：　初回相談の場合、特別な場合を除いて行動観察でのアセスメントが中心となります。親子での自然なやりとりが観察できるとよいでしょう。例えば玄関から個別室までの移動の際、子どもは初めての場面でどのように指示（靴を脱いで靴箱に入れ、手洗い・うがいをする）に応じるでしょうか。この場面は子どもの理解面・行動面の特徴を大まかにアセスメントする機会です。保護者は子どもにどのような対応をするでしょうか。指示的にかかわるのか、受容的にかかわるのか、言語指示中心か、非言語コミュニケーション手段も利用しているか、子どもの言いなりになるのか、かかわりが叱責ばか

りになってしまうかなど、保護者のかかわりの特徴だけでなく親子の関係性も見えてきます。保護者だけでは子どもの対応ができず、入室や安全確保のためにスタッフが介入する必要もあるかもしれません。

　個別室内での親子の遊びが始まった後、観察によって掘り下げて確認したい項目（名詞理解・要求場面での行動など）が生じた場合、親子の遊びに少しずつST が介入し場面を設定します。保護者は子どものよいところを披露したくて「これ何？」と言わせようとしたり、行動面について「目を見て挨拶しなさい」「ちゃんと座りなさい」と指示したり、適応的に行動できない子どもを「あとでお菓子買いに行くから我慢して」となだめたり、子どもの態度について「すいません」と謝ったりするかもしれません。しかし質問に応じなかったり、帰りたがったりする場面こそ今後の相談の上で重要な場面です。

　ST は、保護者が子どもに何らかの注文をつけたくなるような子どもの行動を受容しつつ、その行動が初めての場面だからなのか、普段からよくあることなのかを保護者に確認しながら話題にしていきましょう。

　④子どものアセスメント：　図Ⅱ-1 は幼児の初回相談に準備している玩具の例です。幼児用の図鑑、ままごとセット、型はめ、スイッチ玩具、玉落とし系玩具、視聴覚遊び用の玩具、ボールなどです。年齢や主訴に合わせて絵本、市販のパズルやゲーム類を追加します。表Ⅱ-1 はある相談室で ST が使用している行動観察まとめシートの様式です。領域別に項目をあげておき、丸をつける方法にしておくと記録時間の短縮になります。右の空欄に子どもの具体的な行動や印象的なエピソードを自由記述で残しておくと記憶に残りやすく2回目以降の相談の際に役立ちます。運動・行動・認知についても生活年齢に比して気に

図Ⅱ-1　初回相談で準備する玩具の例

なる部分があれば具体的に記しておき、理学療法士（以下PT）・作業療法士
（以下OT）・心理士に意見を求めましょう。

⑤**保護者の捉え方の確認**：　STが子どもの課題を大まかに把握した後、保
護者に「いつもの様子と今日の様子に違いがありますか」と質問します。特に
周囲からの指摘で来室した場合この確認は欠かせません。「初対面の私のこと
ばかけには反応が少なかったですね。おうちでお母さんのことばを聞いていな
いと思うことはありますか」といった具合です。実際に差があることも考えら
れますし、そうでない場合にも保護者が子どもの姿をどう捉えているのか理解
する大切な情報となります。

　なお「いつもはできるのに今日はできなかった」と答える保護者の一部は、
自身が子どもへのフォローが上手であるため子どもの課題に気づきにくい場合
があります。保護者の指さしがあるので口頭指示がわからなくても子どもが自
然に行動できる、保護者が表情や視線から子どもの気持ちを読み取るのに長け
ているので意図が伝わり生活上困らないなど、特に非言語的コミュニケーショ
ンが日常的に行なわれている親子で見られる姿です。このような場合、**脱文脈
化**した個別室でのやりとりでは、保護者のフォローがなくて子どもが困惑する
ということがあるでしょう。保護者の対応の上手な部分を言語化し、フォロー
のない場面をあえて作り、子どもが困っている姿を相談室内で観察してもらっ
たり、フォローをすることでうまくいく場面を見せたりしながら支援の有効性
を説明したりする機会となります。

　　**脱文脈化とは**：　家庭生活は子どもにとってわかりやすい言語的な文脈
　（ルーティンや物理的な状況）に満ちており、その文脈を手がかりにして子ど
　もは大人のことばかけに応じています。文脈のなかで使われているからこそ
　理解できていたことばかけが、新しい場面で使われても理解して応じること
　ができるようになっていくことを「脱文脈化」と言います。個別室でのこと
　ばかけは子どもの家庭生活から離れた場面であり、脱文脈化した理解力が必
　要な場合が多いでしょう。

⑥**行動観察のまとめ**：　子どもの状態は言語発達上の個人差の範囲内なの
か、支援が必要な状況なのか、運動・感覚・認知発達などそのほかの課題があ

る可能性について、**行動観察まとめシート**（表Ⅱ-1〜表Ⅱ-3）を頭のなかで埋めるような形で考えていきます。その上で経過観察で良いのか、継続相談を促すべきか、ST として今後どうかかわっていくかを決め、次回の予約へと進みます。悩んだときは 1 人で決めず他のスタッフに必ず相談しましょう。**図Ⅱ-2 は ST 相談の流れ**です。不安を抱えて相談に来た保護者が子どもの全体像を理解できるようになるまでの過程を示しました。ST は、保護者はこの道筋のどこにいるのかを常に意識し、それぞれの過程に応じた対応をしていきましょう。

### 表Ⅱ-1　行動観察まとめシート

氏名（　　　　　　　　　　）

| 子どもの様子 | エピソード |
|---|---|
| 運動<br>歩行<br>未歩行・独歩<br>姿勢<br>姿勢保持（難・可）<br>動作<br>身体の動きがぎこちない（粗大・巧緻）<br>利き手（未確立・右・左） | |
| 行動<br>・場面の切り替え（難・可）<br>・場面への参加（難・可）<br>・衝動性（有・無）（視覚・聴覚）<br>・転導性（有・無）（視覚・聴覚）<br>・多動<br>・遊び（転々・無目的・ひとつに固執）<br>・独語・文字やマークに関心 | |
| 認知<br>遊び<br>感覚運動 / 操作 / 機能的な遊び /<br>ふりあそび（模倣・行為の順序立て）/ 見立て /<br>ルール遊び<br>・社会的参照（有・無）<br>・シンボルの理解（有・無）<br>・文字の理解（有・無） | |

## 表Ⅱ-2　行動観察まとめシート

| | 子どもの様子 | エピソード |
|---|---|---|
| 言語 | **聴力**<br>反応弱・NP | |
| | **表出**<br>**発声**<br>(無 / 快不快 / 喃語 / 人に向けて)<br>**語彙**<br>(有意味語なし / 対人的表現 / オノマトペ /<br>名詞 / 動詞 / 疑問詞 / 形容詞 / 色 / 量 / 位置 /<br>感情表現)<br>**語想起**（潜時有・NP）<br>**構音**<br>(聴取不能 / 未熟 / 音節省略有 /NP)<br>**統語**<br>(単語 / 語連鎖 / 接続表現 / 適切な助詞 /<br>時系列 / 因果関係) | |
| | **理解**<br>**指示理解**<br>(難 / 言語文脈［指さし・物理的状況］ / 名詞 /<br>動詞 / 複数指示)<br>**概念**<br>(大小 / 長短 / 多少 / 数 / 色 / 属性 / 時間 /<br>因果関係)<br>**疑問詞**<br>(どっち / 何 / 誰 / どこ / いつ / なぜ) | |

表Ⅱ-3　行動観察まとめシート

| | 子どもの様子 | エピソード |
|---|---|---|
| コミュニケーション | com<br>共同注意<br>(指さしの方向 / 振り返り)<br>動作模倣<br>(手の動き / サイン)<br>指さし<br>(無 / 自発 / 応答)<br>身振り<br>(無 / 儀式的 / 直示的［指さし・見せる・渡す］/<br>象徴的)<br>選択 (難・可)<br>クレーン行動 (オウム返し / 一方的 / 多弁 /<br>決まった言い回し / 声量 (大・小・適切) /<br>プロソディの問題 (有・無)<br>コミュニケーション機能<br>(要求 / 拒否 / 報告 / 注意喚起 / 自己調整 / 思考)<br>yes-no 応答 (有・無)<br>要求<br>(自発無 / 直接的 / 指さし / 身振り / サイン /<br>音声言語)<br>拒否<br>(自発無 / 直接的 / 指さし / 身振り / サイン /<br>音声言語)<br>協力 (有・無)　　勝敗理解 (有・無)<br>役割に沿った行動<br>(不可 / 大人となら / ルーティン / 可)<br>やりとり持続<br>(物・会話) (不可 / 大人となら / 可) | |
| | 音韻意識<br>拍の分解 (難・可) / しりとり (難・可) | |

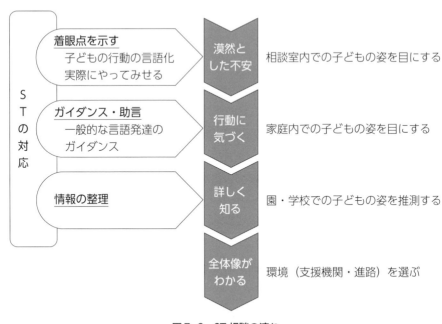

**図Ⅱ-2 ST 相談の流れ**

## (2) 相談の事例

### ◉ ケース1:「気づく」から「知る」へ――Aくん親子の場合

①継続相談に向けて:　大抵の場合、子どもにとっての相談の必要性の有無は見極めやすいものです。では保護者にとって継続相談に意義があると思ってもらうにはどうしたらよいでしょうか。具体例で考えてみましょう。

②子どもの行動に気づく:　「ことばが増えない」との主訴で来所された2歳のAくん親子の例です。初回の行動観察では人への定位がほとんどなく、室内の玩具を次々に触りながら動き回る状況でした。この様子に保護者は「家ではおとなしいのに」と不思議そうです。Aくんは自宅では好きなテレビ番組の主題歌が流れるとテレビの前に走っていきじっと見ているとのことでした。行動観察の結果、コミュニケーションに課題がありそうです。保護者は毎日の遊びや食事・入浴・外出などのやりとりの上で不自由は感じたことがなく「ことばが増えないことだけが心配」と話されました。相談中に発声そのもの

がほとんどなかったことを話題にすると「自宅でも声を出さないが、テレビを見て何か歌っていることはある」とのことでした。Ａくんのコミュニケーション行動には気づいていないけれども、ことばが増えないことに対しての**漠然とした不安**は抱えています。一方で「まだ２歳だし」という発言もあり、相談意欲はあまり高くありません。そこで「テレビ番組の主題歌をお母さんが歌ってあげると一緒に歌うかもしれませんね」と言語表出に関する**助言**をしました。コミュニケーションの話題を深めるよりも、保護者が知りたい「発声を増やす手立て」について話した方が保護者が積極的に継続相談に来所されるだろうと判断したからです。

　２回目の相談の日、「まだ歌は歌わないけれどアンパンマンの歌のときは私を見てくれるようになりました」と言ってその姿を親子で披露してくれました。歌（音声）への聴覚的な反応の詳細を確認するために、ＳＴがアンパンマンの歌を歌ってみたり別の歌を保護者に歌ってもらったりしました。その結果Ａくんが反応を示すのは「母親が歌うアンパンマンの歌」だけであることがわかりました。保護者からも「この子は私がアンパンマンを歌っているとき以外は人の様子を見ることがない」と発言がありました。保護者にとって子どもが人に目を向けないと言う事実を受け止めるのは辛いことだったでしょう。しかし**子どもの行動に気づく**のは子どもを理解するためには欠かせないステップです。ＳＴは「人への関心を高める」ことがことばを促すための最初の目標であると**一般的な言語発達のガイダンス**を行ない、身体を使った親子あそびを**助言**しました。そして実際にシーツブランコ（82 ページ参照）を３人で行ったところ、Ａくんが声をたてて笑うという楽しい瞬間がありました。ＳＴは反応を引き出すことができた場面とそうでなかった場面を言語化しました。「ことばを育てるにはまずやりとりから」という説明と実践に保護者が納得されたことで、家庭での具体的な取り組みが始まりました。

　③**子どものことを詳しく知る**：　３回目以降の相談（１～２か月に１回）では、個別室内でのポジティブな変化（Ａくんのコミュニケーション行動の質的変化、保護者のかかわりによるやりとりの成立など）を確認しながら、日常生活でなぜ困らないのかについて保護者と意見交換をし、ＳＴが脱文脈化について説

明を行ないました（**一般的な言語発達のガイダンス**）。

　この期間にAくん親子は保健センター主催のグループ活動を利用し始めました。ST相談のなかで保護者はこのグループについての感想も述べています。同年齢の子どもたちとの姿の違いに触れることにより「大人を見ない子どもはAだけ」「活動に参加しないで走り回っている」とことば以外に目を向けることが増えたようです。翌年の入園について不安が強まった時期でもあります。Aくんのことを**詳しく知る**ことで**見えない場面での子どもの姿を推測**し始めたのだとSTは感じました。

　④ 「知る」から「分かる」へ： 　その後グループ終了時に保健師から「出席者が少ない日はAくんとスタッフのかかわりが多かった」とフィードバックされたとのことです。これをきっかけに幼稚園ではなく毎日通園するタイプの療育を利用したいと保護者が希望されました。着眼点を知った上で子どもの姿を目にしたことで、子どもの**全体像がわかった**のだと思われます。療育を利用し始めてからは、1学期に1回程度のST相談の利用となりました。

## ◉ ケース2：「詳しく知る」までの過程──Bくん親子の場合

　①**保護者が本当に知りたいことは何か**： 　4歳のBくん親子は「発音が心配」という主訴で来談されました。入室後の親子の遊びを観察するとBくんには中〜軽度の遅れがありそうです。しかしこの日の相談開始時に保護者が知りたいと希望したのは「発音」のことです。いきなり「お宅のお子さんは遅れがありそうだから発達検査をしましょう」と伝える方法は適していません。検査結果で遅れが示唆されたとしても「知らない人と慣れない場所でやったことだから」と否認されてしまったら子どもの支援にはつながらないからです。

　まず主訴に沿って構音検査を実施しました。この結果50数枚の絵カードで呼称ができないものが15枚ほどありました。保護者が心配するようにBくんの構音は未熟であったため、摂食動作を含めた口腔運動と発音の関係についてガイダンスしました。保護者は食べ物の好き嫌いについてはよく把握していましたが、どのように食べているかについては注目したことがないとのことだったので、次回までに観察してきてもらうことになりました。しかし幼稚園の年

中である B くんにとって一番の課題は「発音が悪い」ことではなく「ものの名前そのものが言えなかった」という点です。保護者も構音検査の様子を見ていたので言えないカードがあった事実は「確かに言えなかった」とすぐに同意しました。そこで ST は「気に入らないテレビ番組が流れているとき、何を見たいかことばで言うことはできますか」と、質問を「発音」から言語表出全般に広げていきます。おやつや飲み物、おもちゃの要求、きょうだいとの交渉場面など具体的な場面を想定し、B くんがどう振る舞っているか、困っていることが家庭内で見られないかを聞き取りました。すると保護者から「無理にでもことばで言わせたほうがいいのでしょうか」と質問がありました。少し唐突な質問であるように感じたためその背景を探ると、2 歳上の姉が B くんをとても可愛がっており、普段から姉が先回りして B くんが何も言わなくても次々にものを与えていることが保護者としては気になっていたようです。相談開始時には言えなかったものの、実は保護者は「発音」以外にも目が向いていたのです。そこで「言わせたほうがいいかどうかを検討したい。そのためには理解力を確認する必要がある」と説明し、言語表出の遅れの背景には理解の課題がある可能性もあることを示唆しつつガイダンスを行ないました（**一般的な言語発達のガイダンス**）。

　**②保護者に見えない場面での子どもの姿を推測する：**　この後、B くんとST がままごと遊びをしました。応答性は高いものの、名詞理解が不十分で口頭指示では失敗することが何度もあり、そのうち 2 回は写真カードを提示すると正しいものを選ぶ様子がありました（**やってみせる**）。B くんは「耳で聞いただけでは十分にわからないことがあり、その場合は目で見せるとわかることもある」と言語化して伝えると、保護者は指摘を受け止めつつ支援方法も理解できたようでした。

　この時点で幼稚園で B くんが困っているかどうかを保護者に聞いたところ「先生に言いたいことが伝えられないかもしれない」と語っていますが、「先生の言うことが理解できないかもしれない」とは思っていない様子でした。ST が「理解できずに困っているだろう」と断定するよりも、実際の現場でどうしているかを具体的に担任の先生から聞く方が良いと判断し、担任に聞いてきて

もらうように保護者に伝えました。初回相談で保護者が持ち帰った宿題は「食事のときの口の様子を観察する」「幼稚園でどう過ごしているか、担任に話を聞く」でした。着眼点を理解した上で自宅での様子に目を向けることと、保護者が目にしていない場面（幼稚園）で子どもがどう振る舞っているかをイメージすることで子どもを詳しく知るように促していきます。

　③情報の整理：　2回目のST相談では、まず家庭での食事の様子から聞き取りました。バナナやパンを口に詰め込んでむせてしまうことがあったとのこと。そこで手づかみ食べの機会を増やし、一口の量をコントロールすることを助言しました。幼稚園の担任と保護者が情報共有できたか聞いてみると、「Bが言いたいことは担任が汲み取ってくれているが、お集まりや運動会の練習などの一斉活動に全く参加していないようだ。友達もいないみたい。Bは幼稚園が嫌いになってしまうかもしれない」と心配を口にされました。保護者とSTとで話し合い、Bくんにとって必要なのは、表現力の向上だけでなく状況を理解したり自己肯定感を高めたりすることであると確認し（情報の整理）、心理士の相談の併用をお勧めしました。その後療育センターの心理士が中心となって個別セッションや園の巡回相談を担当することになりました。ST相談については、保護者が家庭でのかかわりについて行き詰まったときに予約をするという形となりました。

## ◉ ケース3：他職種を紹介する──Cちゃん親子の場合

　子どもの状態像に合わせて紹介する機関や職種は変わっていきます。もうすぐ4歳のCちゃん親子は「発音が心配、先生には伝わるけれど友達には伝わらない。発音の練習が必要ですか」と相談に来ました。Cちゃんは知的発達は境界域から正常域にありそうですが、とにかくふらふらとよく動き回っており、感覚運動的な課題が感じられます。初回には食事のときの口腔運動の様子と発音が関係あることをガイダンスし、観察ポイントと取り組みを助言しました。同時に口腔運動を支えているのは身体全体であり、運動の発達がとても大切であるということを一般的な言語発達のガイダンスとして行ない、食事と運動について日常生活の様子を確認してきてもらうことにしました。

すると2回目の相談で「改めてCちゃんを見てみると、家でもじっとしておらずいつも動き回っていた」との訴えがあったため（**家庭内での子どもの行動への気づき**）、OTの相談につなぎました。その後「発音のための身体づくり」でOTの個別セッションが始まり、STは半年に1度経過観察を行ないました。「発音」は1年ほどで改善し、その後もOTが就学後の学習に焦点を当てた内容（着席の安定や筆記具操作など）でかかわっていきました。

### ◉ ケース4：STの個別セッションにつなぐ——Dくん親子の場合

　Bくん、Cちゃんと同じように入り口が「発音」だった4歳のDくんの例です。保護者曰く「Dは父親に似て話すのが苦手。私は舌足らずなところが一番気になる」、STの行動観察では「知的発達や運動発達、コミュニケーション面には大きな課題がなく、言語理解はほぼ年齢相応、語想起がむずかしく文表出が苦手」という姿でした。STの個別セッションが適していると判断し、ソーシャルワーカーと打ち合わせをした上でSTのいる医療機関をお勧めしました。保護者は病院を受診することまでは想定していなかったのですが、Dくんの発達の状態像と個別セッションを利用することのメリットを説明したところ「子どものためだから」と受診に前向きになり、医療機関でSTの個別セッションを開始しました。

　ここまでの4組の親子のように、順調に進まず結局は支援につながらないケースも多くあります。ですが、幼児期に相談に来たときのことを思い出して、学齢期になって再度相談に来るというケースも多いものです。学齢期の子どもの相談の場合も基本的には幼児期と同じ経過をたどりつつ保護者の子ども理解を促していきますが、それまでの相談歴についても伺い、相談を終了したときと現在の違いについて検討することも必要です。

　保護者の養育力や健康度の課題が大きい場合、子どもに課題があっても継続相談そのものがむずかしい場合もあります。保健センターや子ども家庭支援センターなどと連携し、自治体レベルで情報を把握し共有できるように関係者につないでいきます。

## 2）個別セッション

### （1）個別セッションを通しての保護者支援

　実際に ST の個別セッションが始まってからは保護者をどのように支援していくとよいのでしょうか。個別セッションを担当する ST と保護者は、指導する側・される側という立場ではありません。個別室と家庭、それぞれの場の特徴に合わせて子どもに対応し情報を共有しながら連携します。

### ◉ 個別セッションの特徴──利点と課題

　個別セッションの特徴について細かく見てみましょう。1 対 1 で行なわれるセッションは、子どもが自分のペースで話してよい時間と空間が保障されています。静かで刺激が少ない場面なので提供された活動にたやすく集中できます。アセスメントに基づいた活動を子どもに合わせてかかわりながら実施するため、成功体験につながりやすいでしょう。子どもがうまく対応できない場合は、それを分析しスモールステップを組み直して教材や大人の対応を変えることができます。適切なフィードバックが常に得られるため、子どもが適切な行動を学びやすい環境でもあります。また、コミュニケーション行動に関して保護者に子どものサポートをしてもらうことができるので、やりとりの成功体験を積むことができます。

　その一方で、個別セッション内で ST が子どもの発話を聞き取れず、保護者が通訳してくれることもよく起こります。これは子どもの発話の背景（家庭や園での出来事など）や固有名詞（食べ物、友達、好きなキャラクターなど）を ST が知らないことが原因です。このとき子どもがイライラしている姿があったとしても、伝達不全での情緒的な反応を示しているのか、当日のスケジュールの都合で疲れているのか ST にはわかりません。他にも、子どもが話した文章が整っていることを保護者にポジティブに報告すると「お気に入りの動画の再現なんです」と保護者が残念そうに訴えてくることもあります。子どもの日常を知らないと、このようなことばの使い方の課題に気づきにくい場合もあるのです。また、あらかじめ ST が準備したなかから子どもが活動を選ぶため、子ど

もの本当の興味関心に沿った話題でない可能性が高いでしょう。非日常空間で低頻度でしか会わない ST を相手に子どもが**言いたいこと**があるでしょうか。

## ◉ 家庭での言語・コミュニケーションの特徴——利点と課題

　生活の場である家庭は子ども自身の**言いたいこと**に満ちた場です。リアルで詳細な固有名詞は子どもが最も関心を示す内容です。変化に富んだ生活体験のなかで興味関心が広がり、その場で代弁してもらうことで語彙が豊かになっていきます。保護者は子どもの生活の詳細（体調、スケジュール、人間関係など）を最もよく知っています。保護者は子どもの一番の代弁者であり、理解してくれる相手であり、子どもにとって一番の**言いたい相手**です。意識せずとも非言語コミュニケーションを行なっている家庭が大半で、子どもはトータルにコミュニケーションの成功体験を積んでいます。そのなかでも子どもが困っている場面が、今後の言語・コミュニケーションの課題として注目すべき点です。また文脈を共有しているため「定型文をそのまま話している」など違和感に気づきやすく、その都度その場に合った語や言い回しの代弁をされることでことばの使い方に気づく機会が与えられます。

　一方で家庭は大人の社会生活に合わせたタイムスケジュールで進むため、子どもに向き合う時間の確保が困難です。ことばの課題となりそうな場面は突然起こりますが、保護者の力だけでその場面を分析して仮説を立てることはむずかしいでしょう。仮説なしに対応し続けることで親子ともに失敗経験が重なることも考えられます。

## ◉ 家庭と個別セッションの連携

　以上のような 2 つの場の特徴を考慮し、ST は下記の点について情報共有を行ないながら家庭と連携を図ります。

　①興味関心：　子どもが興味をもっているもの（食べ物、テレビ番組、友達、季節の行事、ゲームなど）の詳細を保護者から聞き取り、活動に反映させましょう。

　②家庭での環境調整の提案：　個別セッションでの子どもの行動から、家庭での好ましい環境について提案をします。

③<u>困難場面の確認</u>：　子どもが困っている場面の詳細を聞き取り、セッション内での様子と対照しながら仮説を立てて、対応を検討して提案しましょう。

◉ 情報共有での留意点

①<u>成長の過程を楽しむ</u>：　個別セッションでも家庭のなかでも変化が見られるまでに時間がかかる子どももいます。この場合、運動・感覚・認知の発達について他職種に相談し助言を求めるように保護者に促します。STは特にコミュニケーション行動の発達の過程について、保護者に言語化して伝えると良いでしょう。「これを見て」と発信することが「ぼくの話を聞いて」の種となることを伝え、日常生活のなかでの**言いたいこと**を保護者に探してもらうことが大切です。

　子どものことばが増えていくにつれて「一日中話していてうるさい」「自分の言いたいことばっかりで人の話を全然聞かない」と保護者の悩みが変化していくこともあります。子どもの成長を振り返りながら保護者の気持ちを受け止めましょう。その上で、相手の知識に無頓着に話し続ける、一方的に話をし続ける、テーマがどんどん変わるなどの特徴がある場合、子どもは保護者を困らせようとしてわざとやっているのではなく、子どものコミュニケーションの特徴であることを説明します。ことばの数は増えていても**言いたいこと**を的確にまとめ**言いたい相手**に伝えるためには、家庭での代弁などの支援が引き続き必要です。家庭で子どもが話を十分に聞いてもらえる時間を意識的に確保する必要があるのです。保護者によっては時間はあっても気持ちにゆとりがないことで子どもの話につきあえないことも考えられます。しかし子どものことばの発達には長い時間が必要です。子どもと保護者の特徴を考慮し、その長い過程そのものを楽しんでいく方法、無理なく楽しく子どもとおしゃべりをする方法を一緒に考えていきましょう。

②<u>大人同士の時間を確保する</u>：　子どもは個別室のなかでの大人同士の会話を聞いています。大人側は子どものためにとポジティブな気持ちで情報共有をしていても、子どもにとっては「告げ口されている」と感じることもあるでしょう。子どもの言語理解の力が伸びて保護者がSTに報告する内容が理解で

きるようになった場合、情報共有の場の持ち方を工夫して、大人同士の時間を確保する必要があります。筆談でやりとりする、情報共有の時間に別室を確保し保育を他のスタッフに依頼する、保護者面談の日を改めて設定するなどの配慮です。

　③他職種との連携：　ST の個別セッションを重ねていくうちに子どもの状態像が変わり、他職種につないだほうが子どもの課題に合わせた支援となる場合も多くあります。園適応などの行動の課題は心理士に、感覚や運動の課題はOT や PT に、進路については教育委員会に相談するなど「誰にいつ何を相談するか」を整理し、必要に応じて紹介しましょう。そのためには ST 自身が相談窓口についての知識をもつことが必要です。

## （2）個別セッションにおける他職種との連携

　①事前準備：　個別セッションにおいて ST が担当するのはことばとコミュニケーションの領域ですが、運動・感覚・認知についても子どもが室内で不自由な思いをしないように環境を整えることが必要です。注意の課題（窓のカーテンを閉めるべきか、教材の棚を布で覆うべきかなど）、認知発達（教材の内容、数）は心理士に、姿勢（机・椅子の高さ）、手指操作（道具の工夫）、感覚（過敏・鈍麻）への配慮は OT に、入退室時や室内での移動への配慮は PT に助言をもらうとよいでしょう。

　②保護者支援：　保護者のアセスメントの上でも他職種との連携は欠かせません。保護者の心身の健康状態や情報の取り入れ方の特徴を知った上で家庭との役割分担をする必要があります。個別セッションに至った経緯を知っている保健師や発達センターのインテーカー、子どもの発達検査・知能検査を担当した心理士などの保護者のアセスメントを参考にしましょう。

## （3）物理的な環境調整——発達段階ごとの個別セッションの環境づくり

　この節では個別室を子どもの発達段階に合わせて環境を整えていく方法について具体例を挙げながら考えます。

　子どもは個別室に入ってまず最初に何をするでしょうか。入室直後から子ど

もの姿に合わせたやりとりをすることで、子どものコミュニケーションの発達段階に合わせていきましょう。個別セッションでは大きく分けて 2 つのことを行ないます。**子どもとのやりとり**で子ども自身の成功体験を積むことと**保護者との情報共有**を行ないながら大人が子どもを理解していくことです。まずやりとりを成立させるためにコミュニケーション領域の発達段階に合わせて室内を構造化し、その環境下で保護者との情報共有を行ないます。室内の物理的構造化（教材置き場・机いすの配置・保護者の着席場所）や時間的構造化（ルーティン・スケジュール表・活動の順番）、子どもに合わせた表現手段の準備などは個別セッションの文脈を決定づけるものです。

　①<u>個別室への適応が難しい段階</u>：　低年齢の子どもや感覚の課題が大きい子どもの場合、個別室への入室を拒否したり、保護者に抱かれてなんとか入室しても床に足をつけない、おもちゃに手を出さないなどの様子を示すことがあります。

　　○**子どもとのやりとり**　個別室の一角にマットやカーペットを敷き、子どもが好みそうな玩具をその上に置きます。保護者と子どもが入室したら荷物をその上に置くように案内し、親子用のスペースを視覚的に保障するとよいでしょう。敏感な子どもの場合、ST と子どもの間に大きめの玩具を置いてあえて物理的な距離を取ったりする工夫も必要です。子どもの自発的な行動が見られるまでは ST は子どもに直接話しかけたりものを渡したりせず、保護者と目線を合わせて情報共有を行ないます。

　　○**保護者との情報共有**　保護者は個別室内で子どもと ST が直接話したり遊んだりすることに効果があると誤解しがちです。この段階では個別室では遊びや発語を子どもに無理強いしないように伝えてリラックスできる環境作りへの協力を求めます。家庭と個別室の環境の違いや役割分担についてガイダンスするとよいでしょう。

　②<u>共同注意が成立しない段階</u>：　動きの多い子どもの場合、ものを見せても注目しない、受け取らないことも考えられます。この段階では動作模倣や音声

模倣もみられないことが多いでしょう。

　　○**子どもとのやりとり**　玩具や教材を室内の数カ所に置いてコーナー遊び
ができるように設定します。ST はまず室内が
見渡せる位置に座って動き回る子どもの様子を
観察し、手助けが必要そうな場面があれば近づ
いて手伝います。

　　○**保護者との情報共有**　保護者には子どもを
追いかけたり過剰に遊びに誘ったりしないよう
に依頼します。ST は子どもの姿を観察しなが
ら、子どもが意図的に動いた場面と注意がそれて動いてしまった場面の違い
を言語化したり、子どもの行動を意味付けしたりして保護者に伝えます。こ
の場面は両者で子どもの姿をリアルタイムに共有しているため、やりとりが
中断してしまった場合に細かく検証できます（後述「(4)やりとりの中断の検
証」）。

　　家庭での環境調整についての情報共有も必要です。ある子どもの場合、積
み木の箱が開かなくて ST の近くに箱を押しやる姿がありました。保護者に
聞くと「おやつは勝手に棚を開けて食べているが、飲み物は 1 人で注げな
いので親に頼ってくる」という家庭での様子がわかりました。ここで一歩踏
み込んで質問し、好きな飲み物まで具体的に聞き取ります。そうすることで
「牛乳とリンゴジュースのパッケージを切り抜いて冷蔵庫の扉に貼り、子ど
もが寄ってきたときに提示してみましょう」とより具体的な助言として提案
することができ、家庭での実践に結びつきやすくなります。

③**大人が提示したものに注意を向けられる段階：**　ST のシンプルな指示に
子どもが応じる場合（「どうぞ」と渡すと受け取る、「ここに入れて」と指示すると
従うなど）、この応答的な行動の流れを活用し文脈を作っていきましょう。

　　○**子どもとのやりとり**　教材置き場と遊びスペースを分けて設定します。
ST は遊びスペースで座って待ち、子どもが教材置き場で手にしたものを
「こっちで遊ぼう」と遊びスペースで使用するように促します。子どもが遊
び場から離れた場合には「ここに入れてお片づけしようね」とフィニッシュ

ボックスを見せ、使用していたものを片付ける
ように促します。シンプルに構造化された室内
で子どもの自発的な動きに意味をもたせていく
ことで、子どもが意図的に教材を選択し持参す
る姿が期待されます。

　○保護者との情報共有　子どもが選択した順に活動を実施するため、最終
的に選択しないものがあるかもしれません。「準備してある教材を全部使う
ことでことばが伸びる」と誤解している保護者にとっては、未使用のものを
子どもに強いたり「やりたくないなんて言わないの」とたしなめたりしたく
なるかもしれません。ST は「『やらない』のも大切な表現ですよ」と肯定
的に受け止める姿勢を見せて子どもの自発的な表現を受け止める意義を伝え
ます。保護者の理解を促すことで、家庭や園に子どもの表現を受け止める人
を増やしていきましょう。

④<u>身振りや手の動きの即時模倣がある段階</u>：　自発的に身振りを使用したり
簡単な手遊びを模倣したりする子どもには、サインや指さしを利用した要求の
機会を設定するとよいでしょう。

　○子どもとのやりとり　使用する教材は 1 カ所に集めておきます。ST は
教材を子どもと一緒に探しに行き、子どもの表情や視線を確認した上で実物
の二者択一を促します。高所に子どもの好きな玩具を保管し、手差しや抱っ
こでの要求を促したり、フィニッシュボックス
に片付ける際には「おしまい」「バイバイ」の
サインを見せたりして表現のバリエーションを
広げていくとよいでしょう。なお、子ども自身
から関心のあるものを大人に見せる・手渡すな
どの直示的な身振りがあった場合は子どもの表
現を受け止めて最優先でかかわります。

　○保護者との情報共有　ST と子どものやりとりの後に、保護者に二者択
一やサインを促す体験してもらいながら家庭での具体的な実践について話し
合います。この段階はターゲット行動が明確にわかるため、保護者としては

色々と手を尽くしたくなるようです。手指の形の完成度を求めたり、頻度を増やすために一日中子どもにかかわり続けたり、サインが出るまで何度も要求するように促したりするかもしれません。子どもの側にストレスがかかりすぎないように配慮が必要です。100％を目指さず今できる手段で**やりとりの持続**をすることが目標であることを保護者と共有しましょう。

⑤**象徴的身振りや模倣が期待できる段階：**　使いたい教材を指さして知らせたり、大人の動作を積極的に模倣したりする子どもの場合、象徴的な身振りに高次化していくことを目標にしてかかわります。

　　○**子どもとのやりとり**　事前にST用ボックスを準備し、子どもに見えないところ（STの手元など）に置いておきます。なかに教材の一部（型はめのピースなど）とAACグッズ（絵カード・写真カード・コミュニケーションボードなど）を入れておきます。子どもが教材置き場から好きなもの（型はめ）を持って来たら、STが活動に必要な物品を提示し、子どもは指さしやサインを使用してそれを要求するという流れです。子どもは要求の指さし（型の一部を指さしてSTの持っている「星」ピースを要求する）をすることが期待されますが、「やってみたい」という気持ちを優先しストレスが高まらないように配慮が必要です。アイコンタクトだけでもよい、などハードルを下げて対応しやりとりの持続を優先します。

　　○**保護者との情報共有**　保護者には少し離れたところから見守ってもらいます。ひとつの活動が終わるごとに感想を聞きながら、個別セッションの観察ポイント（活動の目的や子どもの反応の理由など）を言語化して伝えましょう。子どもだけでなくSTの観察をしてもらうことで、やりとりを客観的に観察する経験となります。

⑥**「欲しいもの」を具体的に示すことができる段階：**　要求の指さしなどを利用して具体的な要求を示すことができるようになると、机上に置いた物品をはさんで子どもと大人が向き合う設定が便利です。椅子に座る練習は必要あり

ません。子どもが「このほうが便利だな」と気づいたら座るようになります。

　　　○**子どもとのやりとり**　使用する教材を ST 用ボックスに入れておきます。この段階では子ども用／大人用のようにペアになっているものが多いかもしれません。最初に実物を提示し子どもが選んだものから実施します。活動終了後はフィニッシュボックスに教材を持っていき片づけるように促します。「おしまい」「もうやらない」などの表現ができる場合はことばでの表現を優先しますが、「おしまい」がうまく表現できない場面はフィニッシュボックスへの片付けをST と一緒に行ないましょう。相手の行動に合わせて協力的な動作をとるコミュニケーションの経験となります。また、低年齢の場合は離席してもよい場面を作るという視点ももちましょう。

⑦<u>順番や役の交代ができる段階</u>：

　　　○**子どもとのやりとり**　活動そのものは ST が子どもに合わせて事前に準備しておきます。子どもが入室してから「今日はなにしようか」と絵カードや文字カード（認知発達に合わせたシンボル）を提示して子どものやりたい活動を選択させ、話し合いながら予定を組むとよいでしょう。こうして話し合うことでセッションが「子どもと ST が 2 人で協力して作る時間」となります。最後にご褒美課題を準備しておくと「○○したら△△できる」と見通しをもってチャレンジすることが期待されます。また、シンボルがあることで視覚的にその日の活動を振り返ることができ、非現前の内容を言語化していくチャンスが生まれます。見通しがもてないことで不安になる子どもにはあらかじめスケジュールを提示するとよいでしょう。

⑧<u>自発的なおしゃべりへの対応</u>：　「準備された活動に正しい反応をする」ことは個別セッションのごく一部でしかありません。話題の主導権を子どもにもたせることでやりとりの持続を図りたいものです。

○**子どもとのやりとり**　自発性が低く言語表現が少ない子どもが、ちょっとしたきっかけで急におしゃべりを始めることがあります。このような場合、準備した活動を中断して子どもに合わせたほうがよいでしょう。子どもが話していることを聞きながらSTが絵や文字でメモを取り、子どもの**言いたいこと**を言語化してまとめて返しましょう。カレンダーや写真、固有名詞の検索のためのツールの準備をして「何を言いたいのだろう」と興味をもって探っていく姿勢が重要です。

　おしゃべりが多すぎるタイプの子どものこのような発話にも時間をかけて付き合います。そのかわり他の活動で会話のルールを考えて行動する経験も積みましょう。ルールが明確に決まっているゲーム活動内で唐突なおしゃべりが始まった場合「今は○○の時間だよ、後で教えてね」とごく簡単にメモを取り、使用中のものを見せて話題を戻し、後から「さっきのお話教えて」とメモを見せて質問するとよいでしょう。

○**⑥⑦⑧段階での保護者との情報共有**　⑥⑦⑧の段階は、保護者には子どもの表情が観察しやすい場所で待機してもらいます。子ども自身は楽しく無理なく過ごしている場面でも保護者は「いつもならもっとうまくできるのに」と残念に感じている場合があります。家庭での様子を聞き出し個別室内での条件の違いと比べ、脱文脈化の難しさをガイダンスしましょう。

　子どもとのやりとりと保護者との情報共有の両立はとても難しいものです。子どもは個別セッションよりも社会のなかで過ごす時間が圧倒的に長いことを考慮すると、両立が難しい場合は保護者との情報共有を優先する方がよいでしょう。

　セッションのなかでものの受け渡しややりとりのことばのすれ違いがあったり、活動に抵抗を示して不適応行動をとったりした場合、その場面は保護者との情報共有の際に積極的に振り返るべきです。園での友達関係や生活年齢に応じた社会性の発達について考えるきっかけとなります。文字や数など学習の基

58

礎となる活動の様子から保護者からの進路相談が始まるかもしれません。子どもの状態や保護者の悩みを具体的に確認し、必要な職種につないでいきましょう。

## （4）やりとりの中断の検証

　やりとりを持続させるための物理的な環境設定について（3）のなかで例を細かく紹介しました。これらの環境設定で、発達的な課題でのやりとりの中断についてはある程度防ぐことができます。しかし環境に配慮していても、子どもの情緒的な反応でやりとりが不意に中断してしまうことが実際には多いでしょう。離席する、泣くなどの分かりやすい形だけでなく、机からわざとものを落とす、提示したものを受け取らない、選択しない、無反応などの姿です。

　①**子ども側の要因**：　個別セッション開始時に子どもの体調やその日の特別なトピックの有無を必ず事前に保護者に確認します。保護者から申告がなくても子どもがいつもと違う様子を見せる場合は、体調の変化や集団生活での行事疲れがあることが多いものです。そのような場合は環境のマイナーチェンジを試してみましょう。静かな環境は気持ちを落ち着かせます。教材の数を減らしたり置き場を変えたり不要なものは大きな布で覆って隠したりして刺激を減らしたり、いつもより穏やかでゆったりしたことばかけを意識したりすることで視聴覚的な刺激を減らして対応し、子どもの姿の変化を確認します。

　②**ST側の要因**：　やりとりの中断を子ども側の要因だと決めつけないようにしましょう。子どもがキャッチしやすいボールを投げてやりとりを持続させるのがSTの役割です。やりとりの中断は自分のアセスメント力が不十分なのか、実行力の問題なのか、検証が必要です。子どもが情緒的な反応を見せた直前の自分の行動を具体的に振り返りましょう。コミュニケーション手段や語彙・文が子どもの言語発達に合致していない、子どものタイミングに合わせたことばかけになっていない、選定した話題が子どもの興味関心と合っていないなどが考えられます。

　③**ものの要因**：　活動内容が難しすぎても簡単すぎても子どもが自発的にかかわることは期待できません。抽象性や操作性の側面から活動内容を見直す必

要があります。アセスメントに自信がない場合、心理士や OT に助言を求めます。シンプルな色・形の教材は目的が明確で取り組みやすい反面「つまらない」と感じる子どもがいます。親しみのもてるキャラクターを利用すると意欲が高まりますが、目的が定まらず成功体験とならない場合があります。保護者のアイデアを聞いて興味関心に合わせる必要があるでしょう。

### ◉ 保護者と共有する

やりとりが判断する行動は見逃してはならないポイントです。保護者は子どもの姿だけではなく ST が子どもとどうかかわっているかを観察しています。やりとりが中断してしまった要因を言語化して伝えていきましょう。保護者が詳細を客観的に観察している場面なので具体的な助言が可能です。

**参考文献**
大伴潔・林安紀子・橋本創一（2019）言語・コミュニケーション発達の理解と支援—LC スケールを活用したアプローチ—．学苑社．

## 3）子どもへのアプローチ

### （1）「個別セッション」の意義とは

幼稚園・保育園・学校や高頻度の集団療育は、1 日の決まった流れがある生活の場です。見通しをもって生活することで安心して活動に参加でき、繰り返し経験することで身に付くものが多くあります。その反面、物事が常に同時に複数起こり、それぞれが別々に進行するため、子どもにとっては因果関係がわかりにくい場面があり、大人にとっては子どもの着眼点がわからなかったり、「今話したい」という子どもの気持ちに沿う余裕がなかったりする場合もあるでしょう。その点、言語・コミュニケーションをテーマとした個別セッションでは、静かな場所での 1 対 1 のやりとりという環境の下に、出来事の因果関係をわかりやすく提示したり、子どもの言いたいことを子ども自身のタイミングで話すまで待ったりすることができるというメリットがあります。

一見楽しく遊んでいるだけに見える個別セッションも、公園や自宅での大人

との自由遊びとは違い、使う教材・玩具、提示の仕方など細部にわたって意味があり、目的に沿って時間枠のなかで完結することを目指しています。個別セッションは大人側があらかじめ準備をしておくことで成り立つ演劇のようなものです。主役としてステージに上がる子どもは、大人が準備したものを使いながら思うままに動きます。大人が子どもに合わせてやりとりを続けることで子どもの言いたいことを中心に据えたオーダーメイドの個別セッションとなります。ステージの上で子どもが自身の表現を受容され成功体験を重ねることにより、ステージ以外でも力を発揮するようになることを目指します。

## (2) 言語の個別セッションにおける担当者の役割とは

　担当者は主役を生かすために複数の役割を担っています。演劇になぞらえると次のようになるでしょう。

　①筋書きを決める：　アセスメントをもとに長期的な目標、短期的な目標それぞれを常に確認し、その日のセッションがどこに位置づけられているかを考えた上でその日の筋書き（流れ）を決めます。標準化された検査だけがアセスメントではありません。子どもが関心をもつ活動（パズル、ブロック、お絵かき、絵本、歌、手遊びなど）、保護者から聞き取った情報から個別セッションと生活を結ぶヒント（食べ物、キャラクター、ゲーム、テレビ番組などの子どもの好みなど）を確認します。就園・就学などの環境変化に伴って子どもの言いたいこともどんどん変わっていくでしょう。これらの情報をもとに「今回は何を目標とするか」を決めます。子どもと仲良くなる、保護者の理解を深める、子どもの言語表現の機会を増やすなどです。

　②大道具の配置を決める：　室内の環境設定については前節（51ページ）を参照してください。

　③小道具を選ぶ：　この項では個別セッションで使用する小道具についてご紹介します。絵本・ブロック・絵カードをどうやって用いると子どもに合わせることになるのかを具体的に考えます。

　④演出する：　ステージに置いた小道具に子どもの手が届きやすくなるように意図的に演出します。準備した小道具を目的的・効率的に使う演出のコツに

ついてこの節で確認します。

　⑤<u>共演する</u>：　大人はステージに上がった子どもの行動に合わせてよき共演者とならなくてはいけません。子どもの行動を見ながらこの子は何をしたいのか、何が言いたいのかよく観察し、子どもを手伝い、成功したことを共に喜ぶことが共演者として求められます。共演者としてのコツをこの節で紹介します。

## ◉ カスタマイズとオーダーメイド

　時間が許せば、小道具の素材や大きさは子どもの手指操作の力に、テイスト（シンプル・かっこいい・かわいいなど）は興味・関心や生活年齢に合わせて選びたいものです。しかし実際の現場では様々なタイプの子どもたちが次々と（多くの場合 40 ～ 50 分ごとに）個別室を訪れます。大道具や小道具を準備したり入れ替えたりする時間はとても短く、子どもに合わせた小道具を一つひとつ買いそろえるわけにもいきません。そこで欠かせないのが「小道具のカスタマイズ」です。カスタマイズとは既存の商品などに手を加えて好みのものに作り変えることですが、ここでは「既存の教材・玩具をアセスメントに基づいて段階的に使用する」ことをカスタマイズと呼ぶことにします。子どもの言語理解に沿ったことばかけを軸として、ひとつの教材・玩具をできるだけ幅広く利用できるように技術を磨くことを目指します。

## （3）絵本のカスタマイズ
### ── 子どもの発達課題に合わせた働きかけの工夫
### ◉ 絵本の例１：『ぞうくんのさんぽ』　なかのひろたか
### 　さく・え、福音館書店

　（あらすじ）ぞうくんはさんぽに出かけました。さんぽの途中でかばくん、わにくん、かめくんに出会い、次々に背中に乗せていきます。重さに耐えきれなくなったぞうくんが転んでしまって、みんな池に落ちてしまいました。
　この絵本を子どもの発達課題に合わせてカスタマイズ

する例をご紹介します。どの使い方も絵本に書かれている文字を読むのではなく、子どもの理解に合わせて使用する語彙や文を選んで聞かせながら言語表出の機会を設定しています。

①表出の弱いタイプの子どもと——音声＋身振りを使う：　同じ語を一定のリズム・抑揚で提示することで大人に注意を向けやすくし、動作に合わせたシンプルな音声刺激をきっかけに音声模倣が出ることを目指します。ぞうくんが歩き出す場面で同じフレーズ「しゅっぱーつ、しんこーう！」を毎回使用し、拳を突き上げる身振りを添えると注意が向きやすいようです。他にも、拳を見せて「しゅっ……」と音声プロンプトを用いたり、二指を利用して「てくてく」と歩く動作を身振りでみせたりすることで、子どもの参加が期待されます。

②発声が得意な子どもと——発声のタイミングを知らせる：　「のせて」で大人が自分を指さし、「いいよ」で子どもを指すことでタイミングを知らせながら、セリフを分担して子どもの発話の機会を作ってみましょう。視覚的な情報をもとに自分の役割や相手の意図を理解する経験となります。子どもがセリフを言ったら次のページに進みます。

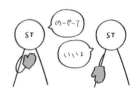

③呼称ができる子ども——呼称の繰り返しと語連鎖の機会を設定する：「ぞう」「かば」「わに」「かめ」の４つの名詞を場面に合わせて利用するように促します。「ぞうの上に？（かばを指さししてみせる）、かばのうえに？（わにを指さし）……」と呼称にポイントを絞りながら指さしでプロンプトしつつ進めます。また、「次は誰かな？」と絵本をゆっくりめくりながら次ページの登場人物の絵を一部だけ見せ、全体像を推測させて呼称する活動（下図）は、問われたときに応答することの成功体験を積むことになりま

す。さらに発展させて全員が池に落ちている場面で呼称をプロンプトしつつ「落ちた」を身振りで見せながら音声を同時提示し、「ぞうが、おちた、かばが、おちた……」と一緒に確認し語連鎖の機会を擬似的に作ります。

④<u>切り抜き絵を使った発展活動</u>：　登場人物の切り抜き絵を準備しておくと再現遊びを通してやりとりが広がります（69ページ「質問−応答の足場として絵本を使う」参照）。切り抜き絵の活用の仕方を下に示します。

○**発声の機会を増やす**…大人が登場人物を机下に隠し、子どもに登場人物を「おーい」と呼んでもらう。

○**要求の機会を増やす**…表紙をコミュニケーションボードとして利用しながら、子どもに切り抜き絵を要求してもらう。

○**操作模倣とともに発声をする**…子どもと大人が切り抜き絵を1枚ずつ持ち、「こんにちは」というあいさつをする。

○**呼称の機会を増やす**…切り抜き絵を子どもに渡し、子どもに表紙の絵とのマッチングを促しながら呼称してもらう。

64

○会話の成功体験を積む…子どもと大人が切り抜き絵を1枚ずつ持ち、役に沿ったセリフを分担して言う。

○客観的な叙述の場面を設定する…マイクを利用してナレーションをつける。

## ◎ 絵本の例２：「せんろはつづく」 竹下文子文／鈴木まもる絵、金の星社

（あらすじ）６人の小さな子どもたちが枕木とレールを野原に敷いて線路を作ります。工事の途中で山があったり川があったりと問題が起こるのですが、それを解決しながら線路をつなげていき最後に列車を走らせます。

①指さしと呼称が始まった子どもと——好みの絵柄を発見する： この本はすべてのページに複数の同じ登場人物（６人の子ども、猫、鳥、うさぎ）が描かれています。「先生は猫を探すよ」と言ってから「いた！」と指さしをして見せます。子どもがうさぎの絵を指さした場合、次のページで「うさぎさんどこかな」と促し、大人と一緒にうさぎを探しながら、問われたときに応答することの成功体験を積んでいきましょう。「列車がやってくる」場面では大人主導で「見て！」と指さしをして気づかせてもよいでしょう。

②身振りサインが得意な子どもと——身振りサインを提示する： 日常的によく使う動作（持つ、運ぶ、見る、塗る、手を振る、万歳する、乗るなど）が多く含まれているのがこの本の特徴です。音声刺激（動詞）とともに身振りサインを提示します。

③時系列に沿った説明を課題とする子どもと——振り返って言語化する： この絵本の見返しの部分には、線路工事が完了してサークル状になった絵が描

かれています。この絵を見ながら今見た本のストー
リーを振り返り、ことばで再生する場面を設定する
とよいでしょう。

　左側に線路工事、右側に大きな山があるページで
は、複数の発展的な活動が考えられます。

　④<u>語想起を課題とする子どもと</u>――なぞなぞを楽しむ：　登場人物が問題に
直面したときに「山に穴を掘って作るもの、なーんだ（答・トンネル）」のように
大人がなぞなぞを出題します。視覚的・聴覚的ヒントを投合し、該当する語
を想起する活動です。次ページにトンネルの絵が描かれており、子ども自身が
呼称することで成功体験となります。

　⑤<u>複文産出を課題とする子どもと</u>――接続表現を利用して文を作る：　繰り
返しのある絵本は「～したら～する」という枠組みが視覚的にはっきりしてい
ます。読み聞かせのなかで接続表現「～したら？」をプロンプトとして後半の
語句を導きましょう。

　大人「山があったね。このまま線路をつなげたら……？」

　子ども「ぶつかる」

　大人「『つなげたら、ぶつかる』、ほんとだね」

　⑥<u>状況理解のために支援が必要な子どもと</u>――絵を見て状況を考える：　ス
トーリーに気づきにくい子どもには、見るべきポイントを指し示しながら複数
の個所を関連付けることで「何が起こっているのか」を聞かせて、状況画全体
の意味理解を促します（大人「このまま線路をつなげると、山にぶつかってしまい
ます」）。その後問題解決の方法を「ぶつからないようにするには、どうしたら
いいかな？」と、絵柄から推測するように促します。繰り返しのある絵本（『お
ばけパーティ』ジャック・デュケノワさく・おおさわあきらやく、ほるぷ出版／『な
にをたべてきたの？』岸田衿子文・長野博一絵、佼成出版社など）もよい教材と
なります。


　以上のように1冊の絵本という素材を目の前にいる子どもに合わせてカス
タマイズして使用しましょう。子どもの視線や指さし、発話内容に合わせて話

題をえらび、発達課題に合わせて語彙→統語→談話（2つ以上の文のつながり）と大人がことばかけのレベルを変えて応じることでさまざまなやりとりを楽しむことができます。状況画が含まれる絵本（『かばくんのことばえほん』ひろかわさえこさく・え、あかね書房／『さがしえぎゅうぎゅうだいずかん』林佳里さく、ポプラ社／『100かいだてのいえ』いわいとしお、偕成社／『でんしゃでいこうでんしゃでかえろう』間瀬なおかた作・絵、ひさかたチャイルド、など）もよいでしょう。

◎ 絵本を通して言語表現の広がりを目指す

　ほかにも個別セッションで利用しやすい絵本の特徴を具体例とともに挙げておきます。

　①子どもの指さしに意味づけする：　語彙を広げる活動として絵本を利用し、子どもの視線・身振り・表情などの表現に大人が意味づけをして聞かせるとよいでしょう。

❶絵本を2~3冊提示して子どもに1冊選ばせる。
❷子どもが自発的に指さししたり、何度も触ったりする絵を大人が呼称して聞かせ、指さしに意味付けをする。❸子どもが次々と指さしをする場合は静かに見守り、大人の方を見たときだけ呼称して返す。

自分から指さしをしない子どもに対しては、子どもの視線の先や子どもが生活のなかで好むものを大人が指さして、呼称して聞かせる。

　「これはなに？」と試したり言わせたりするような声かけは控えます。鳴き声などのオノマトペを聞かせると子どもからの反応が得やすいようです。子どもの視線が絵本から大人に移ったときには、声かけに身振りを添えるとよいでしょう。

（おすすめの絵本）絵柄がはっきりしていて写実的なものや、子どもの好きなキャラクターが描かれているもの・厚みがあってめくりやすい素材がよい。

　『きんぎょがにげた』五味太郎作、福音館書店／『2歳のえほん百科』講談社／『これなあに』小学館／『さがしえぎゅうぎゅうだいずかん』林佳里さ

く、ポプラ社／『ミッキーのプレゼントあけてごらん』講談社／『トーマスのいろのえほん』ウィルバート＝オードリー、ポプラ社／『たべものしゃしんずかん』ひかりのくに

　②季節の行事を紹介する：　子どもの園や学校の行事に合わせて関連の絵本をセッションで準備しておくとよいでしょう。保護者から固有名詞（運動会の種目名、プレゼントやケーキの種類、お遊戯会の役名など）を聴き取っておき、必要時に話題に挙げると、子どもの積極的な発話が期待できます。
　　❶子どもの行事に近いタイミングで絵本を準備する。❷絵本の読み聞かせをする。❸子どもの視線や表情を観察し、関心を示しているものや動きについてことばを聞かせる。
（おすすめの絵本）『かばくんのはるなつあきふゆ』ひろかわさえこさく・え、あかね書房／『たんじょうびだねちびかばくん』ひろかわさえこさく・え、あかね書房／「パオちゃん」シリーズ　なかがわみちこさく・え、PHP研究所／「14ひきのねずみ」シリーズ　いわむらかずお、童心社

　③表情や気持ちを表す語を経験する：　注目するポイントがわかりやすい絵本を利用して、表情や気持ちに目を向けてみましょう。オノマトペと身振りを同時に提示することで、音声模倣・動作模倣の機会となります。イメージしやすいオノマトペや表情からセリフを推測し、セリフに沿った動詞・形容詞表現を促してみましょう。
　　❶主人公の動きを大人がやってみせながら絵本
　　の読み聞かせを行なう。❷表情が描かれている
　　ものは子どもが注意を向けやすいように指さし
　　てみせる。

（おすすめの絵本）『にこにこかぼちゃ』安野光雅、
童話屋／「かお」おぐまこうじさく、くもん出版
／『だるまさんが』『だるまさんと』かがくいひろしさく、ブロンズ新社

　④「だめ」「いや」という場面を紹介する：　絵本を利用してコミュニケーションに必要な語を表現する機会を設けます。拒否表現を受容されることは自分の気持ちを表現する土台となるでしょう。身振りサインを繰り返し経験する

68

活動にもなります。

❶絵本を読み聞かせる。❷主人公が「だめだめ」と拒否をする場面で、手を振って「だめ」のサインを見せる。❸「だめだめ」ということばをサインとともに遊びのなかで使いながら、実用的な拒否表現を身につけるように促す。

この段階では「友達と仲良く遊びましょう」「ダメなんて言っちゃダメ」のような道徳的な指導は行ないません。

**(おすすめの絵本)**『ノンタンぶらんこのせて』キヨノサチコ・偕成社／『3びきのこぶた』いもとようこ、岩崎書店／『ころころパンケーキ』西村敏雄絵・苅田澄子文、学研プラス

⑤<u>絵本でクイズを楽しむ</u>：　起承転結のある絵本は、絵があることで記憶の負荷が減り、文と文の間の関係性を理解しやすいものです。絵本のストーリーや大人の演出を利用することで自然な流れで子どもの発話を促します。

❶絵本の読み聞かせをする。❷最後の場面を子どもに説明させる。大人「ロバはどんぐりが栗になっていることを不思議に思っているね。どうしてどんぐりが栗になったのか、ロバに教えてあげてね」。

答えを強要したり、絵本を使うたびに毎回質問したりすると絵本そのものがつまらなくなります。絵本の文脈のなかで自然に言いたくなるように演出することが必要です。

**(おすすめの絵本)**『どうぞのいす』香山美子作・柿本幸造絵、ひさかたチャイルド／「いいことをしたぞう」寺村輝夫文・村上勉絵、偕成社／「パオちゃん」シリーズ・なかがわみちこさく・え、PHP研究所

⑥<u>絵本作りを通して表現を学ぶ</u>（○○ちゃんの絵本づくり）：　絵本を見ながら子どもが自発的に絵の叙述をし始めたり、内容から連想した話をし始めたりすることがあるでしょう。こうした段階では、子どもの発話を大人が書き留めて文を作ることを促す活動が考えられます。絵カードに比べて情報量が多いせいか子どもが主体的に取り組むため、その子らしさが出ることが多く楽しい活動となります。

❶絵本の文字部分を付箋などで隠しておく。❷子どもに絵本を見せて文字が書いていないことを告げ、一緒に絵本を完成させるように誘う。大人「あ

れ？この本、字が書いてないね。一緒に
お話を作ってみよう」。❸子どもの発話を
大人が付箋に書き込む。❹主語をあらか
じめ示すと客観的な叙述につながりやす
い。大人「うさぎが……？」

　子どもの言ったセリフ調の発話も褒めな
がら書き留め、大人が客観的な叙述を書き
添えるなど、子どもの発話を最大限に尊重
しましょう。ICレコーダーで録音し、再生しながら絵本をめくる「ナレー
ションづくり」としてもよいでしょう。

（おすすめの絵本）『かばくんとおかあさん』『かばくんのほかほかおふろ』ひろ
かわさえこさく・え、あかね書房／『ぞうくんとりすちゃん』藤子・F・不二
雄、小学館／『パオちゃんのすべりだい』『パオちゃんのぼうし』なかがわみ
ちこさく・え、PHP研究所

　⑦「○○ちゃんの絵本づくり」で助詞を経験する：　キーワードに合わせた
助詞を考え、文を完成させる機会を作り、より正確な
言語表現を促していく活動もあります。

　❶正しい文で叙述させたい場面を大人が事前に決
め、キーワードの文字カードを準備する。❷場面に
あわせて文字単語カードを配列しながら、語と語の
間に適切な助詞を埋めて文を作るように促す。

　（例）ウサギ（　　　）風船（　　　）→「ウサギが風船をふくらませた」

◉ 質問−応答の足場として絵本を使う

　「なに？」と質問すると「なに」とオウム返しをしてしまう子どもには、意
図を伝えるために視覚的な情報を利用します。絵本の読み聞かせと再現遊びを
組み合わせて、問われたときに応答することの成功体験を積んでみましょう。

　①絵本で再現遊びをする：『サンドイッチサンドイッチ』小西英子さく、福
音館書店

❶絵本を読み聞かせる。このとき、ターゲットとなる名詞を繰り返し聞かせたり、子どもの表情を見ながら食材の好き嫌いを確認したりする。❷最初のページに出てくる物品の切り抜き絵を提示する。大人「ここに、食パンときゅうりがあるよ。一緒にサンドイッチをつくってみよう」❸「サンドイッチに何を入れようか」と聞き、子どもの応答を待つ。❹子どもが答えた

ら食材の切り抜き絵を渡し、セロテープで貼り付けながらサンドイッチを作る。❺質問の意図がわからない場合、机の下から徐々に切り抜きを登場させ、子どもが呼称するのを待つとよい。結果的に「なに？」に対しての適切な応答となる。

**（おすすめの絵本）**

- ▶ 「なに？」『サンドイッチサンドイッチ』小西英子さく、福音館書店／「おべんとう」小西英子さく、福音館書店／『なにをたべてきたの？』岸田衿子文・長野博一絵、佼成出版社／『しろくまちゃんのほっとけーき』わかやまけん、こぐま社／『しろくまちゃんぱんかいに』わかやまけん、こぐま社／※『いちごパフェエレベーター』石崎なおこ、教育画劇
- ▶ 「だれ？」『ぞうくんのさんぽ』なかのひろたかさく・え、福音館書店／『てぶくろ』エウゲーニー・M・ラチョフえ・うちだりさこやく、福音館書店／『とんとんとめてくださいな』小出淡文・小出保子絵、福音館書店
- ▶ 「どんな？」※『わたしのワンピース』にしまきかやこことぶん、こぐま社
- ▶ 「どこ？」『どこでおひるねしようかな』きしだえりこさく・やまわきゆりこえ、福音館書店
- ▶ 「何色？」※『そらとぶクレヨン』竹下文子文・鈴木まもる絵、金の星社
- ▶ 「なにをする？」「3びきのこぶた」いもとようこ、岩崎書店／「ころころパンケーキ」西村敏雄絵・苅田澄子文、学研プラス

（※の絵本は子どもの表現に合わせて大人が絵を描き入れていくとよい）

## (4) ブロックのカスタマイズ──玩具を使ったコミュニケーション活動

　色・数・大きさなどの答えが明確な教材は、子どもの正答を導きやすいものです。しかし子どもはおもちゃ屋さんで売っている一般的な玩具にも関心を示し、繰り返し挑戦します。玩具に正しい使い方はありませんが、その子どものそのときの認知発達・注意・記憶・認知特性・姿勢運動などを観察し子どもの使い方に合わせてやりとりをすると、コミュニケーションの活動として担当者の専門性が発揮されます。さまざまなニーズをもつ子どもたちに合わせるために、自由度の高い玩具をカスタマイズして使う技術を意識的に高めておきましょう。

### ◉ おもちゃの例：ペッタブロック

　ペッタブロックは上下左右に接続できるカラフルなブロックです。付属のタイヤパーツや専用の人形をつけて遊びを展開させます。

### ◉ 子どものまねっこをする

　ブロックを感覚的にもてあそんでいる場合、近くで子どものまねをします。子どもの探索行動をきっかけとして大人が同じ行為を行い、情動の共有を目指します。インリアルのミラリングが参考になります。

### ◉「ちょうだい・どうぞ」を経験する

　大人と子どもが並行遊びをしている場合、子どもが必要としているブロックやパーツ（タイヤパーツなど）を必要時に「どうぞ」と子どもに渡してみましょう。物の受け渡しを通して三項関係の成立を目指します。お互いに「ちょうだい」「どうぞ」を意識して交換することを目指すとよいでしょう。

### ◉「あった・ない」を経験する

　ブロックを容器の陰や机の下にそっと隠して「青い四角、ないね」と代弁し一緒に探してみましょう。子どもが隠されていたブロックを発見したときに「あった！」と子どもの目線での状態を代弁すると「ある／ない」の表現のよいお手本となります。

### ◉ 要求することばを経験する（「あけて」など）

　ブロックの容器を開ける場面は援助希求のよい機会となります。大人の存在に気がつかず１人で解決しようとしている場合は、大人が手伝ってみせるといいでしょう。子どものとなりに座る保護者に、事前に子どもの代弁を依頼しておきます。「開かない」と呟いている場合は「手伝って」とより明確に相手に伝えることを目標とします。「足りない」「ない」も同じように「ちょうだい」と相手に言うことが目標となります。半透明で中身が透けて見える、振ったら音がするなど視聴覚的な手がかりが得られる素材の容器だと注意が持続しやすく、子どももあきらめずに挑戦します。

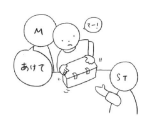

### ◉ 車のやりとりを経験する

　付属のタイヤパーツを使って大人が車を作り、ボールのやりとりのように子どもと転がしあいをします。車の動きに合わせて「ブッブー」「コロコロ」などオノマトペを使うと、大人に注意を向けるきっかけとなります。繰り返し行なうと大人の発声を期待して子どもが目を合わせてくることもあるでしょう。動作に合わせたシンプルな音声刺激をきっかけに音声模倣が出ることも期待されます。思いがけない場面（車が倒れて壊れてしまうなど）では

子どもの表情に着目して「わー！びっくりした！」と代弁したり共感したりし

てみましょう。この場面は大人に「もういっかい」と再構成を依頼するコミュニケーションの機会にもなります。構成模倣を促して視覚認知を利用した活動に展開するのもよいでしょう。

## ◉「おーい」と呼ぶ

　ブロックとセットになっている人形を使います。子どもが乗り物（船など）に見立てたブロックを動かして、部屋の少し離れたところにいる人形を「おーい」と呼ぶと、人形が「はーい」と返事をして乗りに来るという設定です。「遠くにいる人形を呼ぶ」という演出は発語を促す自然な機会となります。「おーい」の音声だけでなく両手のひらで口を囲む身振りなど動作を含めて「模倣」を目標としましょう。大人は人形の声色を作りながら操作したり、登場の仕方を工夫したりします。複数の人形を使うことで繰り返しの文脈を利用することになり、子どもの積極的な参加が期待されます。なお、子どもの様子に合わせて「ちょうだい」のサインや音声を促したり、「犬」「帽子」など人形の特徴に合わせた身振りサインを促したりする展開も考えられます。

## ◉「協力」を経験する

　子どもの作品が崩れそうになったら大人がサポートします。これをきっかけに大人も子どもに「倒れそうだから手伝って」とサポートを依頼しましょう。どんな作品にするかイメージを共有し、子どものイメージを言語化して聞かせながら（「赤いタイヤを集めているのね」）2人で1つの作品を作るように導きます。分業や相手への指示を経験することで協同遊びへの移行が期待されます。

◉「順番」を経験する

　2人で1つの作品を作ることができるようになったら、順番にブロックをつけていくことを提案します。相手の動作に合わせて自分の行動を調整することが目標です。順番を意識することから開始し徐々にルール（色別にする、最後に倒す役をじゃんけんで決めるなど）を増やしゲーム要素を追加するのもよいでしょう。

◉ ごっこ遊びを経験する

　ブロック作品「車」の上に男の子の人形を重ねて「男の子が車に乗る」と見立てます。ここから人形や乗り物のイメージを広げて「家に帰る」「駅に到着する」などのごっこ遊びを提案してみましょう。「のせて－いいよ」「ただいま－おかえり」のような対連合のことばがイメージを広げるきっかけとなります。

　コミュニケーションを成立させるためには、場に出しておくブロックの数も子どもに合わせる必要があります。物への志向性の高い子どもは、大人の存在に気づきにくく一人遊びになりがちです。注意の課題の大きい子どもはブロックの数が多いと手あたり次第に扱ってしまい、不満足な結果になるでしょう。三項関係の成立や転導の防止のために、場に準備する物品の個数を減らすことで対応します。

　ここではペッタブロックについて紹介しましたが、他の市販のブロックにもそれぞれ特徴があります。大きなブロックは扱いやすい反面、作品の具体性に欠けイメージの力の弱いタイプの子どもにとっては作品の意味がわかりにくく、モチベーションが上がらない場合があります（このような場合はブロックに具体物が描かれたシールを貼るなどして誘う方法があります）。見立ての力を確認しながら子どもに合ったものを選択すべきです。また、子どもによっては「ブロックの縦横を見分けてつける」「裏返す」などの理解ができなかったり、工程数の多いお手本は覚えられず拒否したりするかもしれません。参照視ができ

るか、構成模倣の意図が通じるかどうかを確認し、認知や記憶に配慮し支援しながらかかわります。色の分類、色や形に着目した仲間集め・違うもの探し、大小比較・長短比較など、具体的な操作を通して概念形成を促す活動にもなりますが、まずは子どもがその玩具をどう扱うかを観察し、コミュニケーション活動として展開するのが大人としての基本です。

## （5）絵カードやミニチュアは何のために使うのか

　絵カードは1枚の紙に1つのテーマが描かれているため着眼点がわかりやすい素材です。語彙を広げるためにカードを見せて名称を復唱させる活動を行なうこともあるでしょう。しかし「カードを順番に見せて名詞を復唱させるだけ」の活動や、「大人の命令『○○を探しなさい』に子どもが応じるだけ」の活動は子どもの表現力を高めると思われません。コミュニケーションを基盤とする個別セッションでは、子どもが発したことばを大人が意味あるものとして受けとり、やりとりとして発展させていくことが求められます。なお、三次元のミニチュアのほうが指示対象がわかりやすいため、絵カードを利用するよりも意味のあるやりとりになる場合があります。子どもの反応を見て素材を選択しましょう。

## ◉ 絵カードを使って役割交代を経験する

　ここでは2組の絵カードを利用した「絵かるた」活動を紹介します。

　①絵かるた（役割交代）：　右図は子どもが回答役と
なっている絵かるた活動です。子どもに馴染みのある
ものが描かれた絵カード2組（読み札用・取り札用）を
準備します。まずこのイラストのように大人の「出題
役」をお手本として実施します。出題役の大人は絵カー
ドの呼称（「コップ」）によって子どもに指示を出し、子

どもは聴覚を活用して「コップ」をイメージして絵カードを探します。一般的なカルタのように「はい！」と言いながら札を取る仕草を楽しげに演出してみましょう。全てのカードを使い終わった後に大人が「私も、はい！って取って

みたいな」と役割交代を促し、子どもが出題
役に挑戦する機会を作ります。ゲームのなか
でことばを使うことで相手を動かす経験とな
り、ことばの実用性を経験できるでしょう。
子どもが出題役のときは子ども自身が出題す
るカードの順番を決めます。叙述の正確さに
はこだわらず、役割を果たしたことを褒め、

励ましましょう。同じカードを使って「物の用途の説明（飲みものを入れる入
れ物)」の表現を促して発展させてもよいでしょう。

　②**絵かるた（文表現)**：　状況絵カードを利用した絵かるたは、文表現を促
す活動となります。

　③**絵カードによる「釣りごっこ」**：　右図は事物が描かれた絵カードを利用
した「釣りごっこ」の例です。取り札側にクリップ
をつけて磁石付きの釣り竿で釣ることでゲーム性が
高まり、子どもが意欲的に取り組むことが期待され
ます。絵かるたと同じルールで実施したり、自分が
釣りたいものを「おにぎり！」と宣言してから取っ
たりする方法が考えられます。

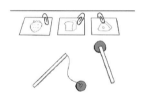

## ◎ 絵カードやミニチュアで視覚的な正誤フィードバックを与える

　自分の答えが合っているか間違っているかを子ども自身に視覚的に確認させ
るのに、絵カードやミニチュアはとても便利です。絵かるたの活動では、大人
の選択したカードを子どもに見せ「ピンポン／ブブー」など簡単な音声やサ
イン「○／×」で伝えるようにお手本を示すとよいでしょう。

　絵かるたのような絵のマッチングは、実物と写真カードのマッチングが前提
となっています。絵カードの活動に乗りにくい場合、下記のような具体物を
使った活動から取り組みましょう。

　①**「ごちそうをあげよう」の遊び文脈でのフィードバック**：　❶食べ物のミ
ニチュア・写真カード（食べ物のミニチュアを1種類ずつ撮影する）とパペット

を準備する。❷大人がパペットを操り、子どもに
「りんごちょうだい」と指示し食玩を選ぶように
促す。❸パペットの要求通りの物を子どもが選ん
だらパペットが食べる。大人「美味しいなぁ、り
んご。もぐもぐ、ごっくん（食玩を隠す）」。❹子
どもが指示と異なるものを選んだらパペットの声
色で「いらない」と拒否し、「これちょうだい、

りんご」と写真カードを見せて知らせる。子どもが指示通りの物を差し出した
ら同じ写真を見せて「ピンポーン！」とフィードバックを行なう。

　ことばと同時に「おいしい（頬を手で叩く）」「食べる（手で口元を叩く）」な
どのサインを見せるとよいでしょう。


　さらに発展していくと、正誤を自分で判断することで「間違えたくない」と
いう内的なモチベーションがうまれます。下記の活動ではワーキングメモリー
を活用しながら文の意味を聞き取ることが目的です。

### ②ミニチュア動物「何してる？」でのフィードバック：　❶動物・食べ物・

日用品のミニチュア・写真カード（動物・食
べ物・日用品のミニチュアを組み合わせて撮影し
たもの）を準備する（例：ぞうがポテトを食べ
ている／犬がラーメンを食べているなど）。❷名
称を言って聞かせながら子どもにミニチュア
を渡す。❸子どもの操作している内容をこと
ばで言ってきかせる。（例：子どもがミニチュ

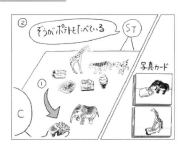

アのキリンとラーメンを手に取り2つを近づけているときに）大人「キリンがラー
メンを食べているね」。❹大人が出題役となり文を聞かせ、子どもがミニチュ
アを操作する。大人「ぞうがポテトを食べている」。❺大人から正解の写真
カードを受け取った子どもが自分で「あたり／はずれ／おしい！」を自分で決
める。子どもが誤りに気づいたら、正解となる状況をミニチュアを操作して作
るように促す。

◎ 絵カードなどを使ってイメージを共有する

**①絵かるたのなかでサインを学ぶ：** 右図は音声と身振りサインを用いた絵

かるた活動です。大人が絵に合ったサインと
音声を提示し、子どもが対応する絵を探して
選択しています。このように音声が示すイメー
ジを共有することがことばの発達には必須で
す。子どもが出題役の場面ではサインと音声
を同時に使用することが期待されます。この
ように絵カードであらかじめ話題を共有して

おくと、言語表現が不明瞭なタイプの子どもにとっては日常生活では得られな
いスムーズな伝達場面となります。

**②「かるた作り」を通して概念を形成する：** 右図は子どもと大人が協力し

てかるたの読み札を作る活動です。車であれ
ば、まず絵カードを見ながら「タイヤが４つ
ある」と視覚的に共有しているを確認します。
かるたの読み札としては、絵カードに描かれ
た事物そのものの様子（赤い・誰も乗っていな
いなど）ではなく「道路を走る」という主たる
特徴を表すほうが適切であることを伝え、概
念形成を促していきます。

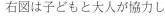

**③絵カードを使った「なぞなぞ」でイメージを共有する：** 語操作の力がつ
いた子どもたちは、大人になぞなぞを出すことを好みます。しかし、子どもが

飛行機をイメージして「飛ぶものです」と出題し
て始まったなぞなぞも、相手の回答から別のもの
をイメージしてしまうことで話が逸れてしまい、
最後に子どもが「ブブー、違います」と締めるの
で両者とも釈然としないということはありません
か。このような段階の子どもは、なぞなぞに限ら
ず言いたいことが十分にまとまっていないために

日常的に伝達が不十分となってしまう場面が多いと思われます。言語の個別セッションにおいては、なぞなぞの際にも絵カードを利用するなどのワーキングメモリーへの配慮をしましょう。言いたいことのイメージを大人と共有できれば、大人からのより適切な表現のモデルに触れることができます。

## ◉ 絵カードを使って時系列を把握する

　以下は大人が語るストーリーに合わせて子どもが絵カードを順番に配列する活動です。子どもは大人の話を聞いて、視聴覚情報を統合しながらカードを選んで並べます。

　①お話を聞いてカードを並べる：　❶3〜4枚で1つの話が構成される連続絵カード（「おはなしづくりカード」こぐま会など）を準備する。❷全てのカードを机上に並べて子どもに絵をよく見るように促す。❸大人が文を言い、子どもに該当する絵カードを選ぶように促す。

　大人が時系列に沿って順番に言うことで、正しい配列となります。役割を交代してストーリーの再生を行なう活動もよいでしょう。

　②絵カードを手がかりとしてストーリーを再生する：　大人はあいづちをうったり適切な接続詞「それから」「でも」を聞かせたりします。文表現がむずかしい場合はキーワードの文字単語カードを並べるように促したり、文の枠組みをヒント文カード（「（　　　　）が（　　　　）。」）で示すなどの工夫も必要です。難易度の高い活動なので「言わされている」と感じ拒否的になる子どももいるでしょう。子どもの発話を大人が書き取って見せたり、子どもの発話をICレコーダーに録音して聞いてみたり、視聴覚的なフィードバックを利用するとモチベーションが高まります。

③ 「お話カード並べ」で結果を予測する：　「お話カード並べ」「ストーリーの再生」の両方ができる場合、さらに発展させて最後はどんなことが起こるか予測するのもよいでしょう。右図のように最後のカードだけを裏返して置き、最後に何が起こるかを子どもに予測してもらいます。視覚的な情報の読み取りと推論を促す活動です。

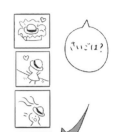

　以上のように、絵カードを利用すると第三者に伝達するために必要な要素を視覚的に確認することができ、時系列に沿って絵カードを順に並べることで話を系列化して組み立てる経験となります。

## ◉ 音韻意識への足場として絵カードを使用する

　絵と事物の名称が1枚のカードに書かれている絵カードを用いると、絵と文字が同じ意味を表しているというイメージがもちやすいようです。語を拍に分解する活動から取り組んでみましょう。

　①拍数すごろく：　❶すごろくの台紙・絵カード（裏にひらがなで名称が書いてあるもの）・コマ（積み木など）を準備する。❷絵カードを見て名称を確認したあと、拍ごとに区切りながら拍手をしてきかせる。大人「これは『たいこ』だね。一緒に言ってみよう、た・い・こ」。❸拍数に合わせてすごろく上のコマを動かしてみせる。大人「こんどはコマを動かすよ、た・い・こ」。❹子どもが拍の分解を理解したら、交代にすごろくを行なう。

　絵カードを裏返して文字数を見せ、文字数が多いものを選んだら勝てることを教えるとよいでしょう。

　音韻意識を高める活動はワーキングメモリーを活用しながら取り組む必要があり、大人でもむずかしいものです。絵カードを利用することで注意と記憶の

補完がなされ、成功体験につながりやすくなります。

②逆さことばかるた： ❶絵カードを２組準備する。❷取り札（絵カード）を机上に数枚並べる。❸大人は読み札（絵カード）を見ながらことばを逆順で言う。大人「今からことばを逆さまに言います。なんのことばかあててください。み・さ・は」。❹子どもは大人のことばを聞いて、正しい取り札（はさみ）を選ぶ。

大人の言ったことばを子どもに再生させて書きとり、正しいかどうか一緒に考えて、慣れてきたら役割交代してもよいでしょう。

③「た」ぬきことば探し： ❶絵カードと文字チップ（該当する語を構成する文字）を準備する。❷絵カード（はさみ）を机上に裏返して置く。❸子どもが目をつぶっている間に、大人は文字チップを並べる（「は」「さ」「み」に「た」を加えた４文字）。❹子どもが目を開けたら「た」を抜いた正しいことばを言い当てさせる。「『は・た・さ・み』。ここから『た』をぬいてみよう。『た』がなくなったら、何に変身するかな」と質問する。❺絵カードを表にして子どもが言ったことばと絵が合っているか確認する。

慣れてきたら文字チップを使わずに実施したり、「た」以外の他の音を加えたり、子どもと大人が役割交代をしてもよいでしょう。

## （6）小道具を使った「演出」のコツ

ここまでは、絵本、ブロック、絵カードといった小道具の特徴をよく知り、ひとつのものをさまざまな発達段階の子どもに合わせて大人としてカスタマイズする工夫について考えました。次は準備した小道具に子どもがスムーズに手を伸ばすような演出について考えます。「さあこれをやりましょう」と提示しても子どもが取り組まないときには「何をやるべきかわからない」「できたかどうかわからない」という理由があります。特に「言ってみよう」と表出を促

す活動では拒否が強まることが多いようです。このような活動には演出が必要です。「音声を育てる」という目標のなかで、個別セッションというステージの演出について考えてみましょう。

## ◎ わかりやすい活動・出来事を繰り返す

童謡やわらべうたは、リズムや音の高低差が大きく起終点があるため、次の展開を予測しやすいものです。刺激を与えている相手に対しての子どもからの自発的な発声やアイコンタクトが期待されます。子どもの発声などに意味付けをしてかかわっていきましょう。

シーツブランコ： ❶毛布やシーツなどの大きな布を準備する。❷シーツに子どもを乗せ、大人と保護者で持ち上げて歌を歌いながら揺らす（「♪このこどこのこ」など）。❸1曲終わった時にシーツの揺れを止めて、子どもの発信を待つ。❹子どもが声を出したり大人に視線を合わせてきたりしたら、歌と揺れを再開する。

繰り返しのある歌を使って子どもの発声を持ち、視覚的なフィードバックを与えるスカーフの遊びも楽しいものです。

## ◎ 選択行動を促す

子どもが自分の意見を表現する場面をセッションのなかに必ず設定します。

①型はめ・パズル： 右図は市販のパズルに細工をしてコミュニケーションボードとして使用している例です。パズルのピースの絵をカラーコピーして枠内に貼りつけます。子どもが指さししたり触ったりした枠のピースを即座に渡すことで

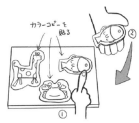

子どもの身振りを意味付けして強化することで要求手段としての指さしの獲得が期待されます。

②**レストランごっこ**：　右図は絵カードを利用したレストランごっこの例です。使用する絵カードを並べてカラーコピーしたものをメニューとして使用しています。指さしでの要求行動を繰り返し経験する活動です。

◉ **視覚的なフィードバックを与える**

①**変顔あそび**：　右図は口腔運動への導入活動です。いきなり「お口をあけて」と始めても、すぐに取り組む子どものほうが少ないでしょう。まず発声発語器官に注意を向けることが目標です。鏡は枠組みがあるため、定位しやすいようです。頭に手をあてる、ひらひら動かしてみるなどわかりやすい動作から始めます。徐々に口唇・舌へと誘導するとよいでしょう。運

動感覚と同時に視覚的なフィードバックを得ることでボディイメージも高まります。

②**長い声**：　呼気のコントロールを促すために「ながーく声を出してね」と励ましてもなかなか意図が伝わりにくいものです。右図は視覚的なフィードバックを利用して持続的な発声を運動の持続を目指します。子どもが発声している間は大人がホワイトボードに線を描き続けるという活動です。子どもの発声に合わせて絵かき歌を完成させていくのも楽しいでしょう。

◉ **物の機能を利用する**

やることが明確に分かる道具を準備します。次ページの図はペープサート＝動かす、という物の特徴に合わせた活動です。物陰にいた動物が鳴きながら登

場するという演出を行ないます。「ぶーぶー、ど
うぞ」とペープサートを子どもに渡し、ぶたが
動いている様子を表現するように促します。オ
ノマトペ「ぶーぶー」「ピーピー」「にゃー
にゃー」「わんわん」を動作とともに提示します。

①**パンダのうた**： 右の図は大人がマイクを
持って「お歌係」、子どもがペープサートを持っ
て「パンダ係」（歌に合わせたペープサートと「係」
を用意）を行なっています。最初は大人がお手
本として歌を歌ったあと、マイクとペープサー
トを交換して子どもが「お歌係」としてマイク
を使用するという流れです。役に合った物品を
交換することで、自然な流れで歌ったり音声模
倣をしたりする活動への参加を促すことができます。

②<u>**インタビューごっこ**</u>： 右図では子どもがイン
タビューを受けています。マイクを向けられたタイ
ミングで発声する必然性が生まれます。ここでは音
声発信が目標なので子どもが答えやすい質問や
yes-no で応じられるものから開始し、質問応答の
かみあいや統語の正確性に過剰にこだわることは避
けましょう。

## ◉ 子どもに役割をもたせる

　ハードルの高い活動の前に、子どもに活動の準備の一部を手伝ってもらいま
す。「郵便屋さん（ペープサートを保護者や大人に渡す係）」や「カラオケ屋さん
（ウェットティッシュでマイクを拭く係）」など活動に関連のあるシンプルなお手
伝いを頼んでみましょう。

## （7）「共演者」としての心がけとは

　ここまでは、ターゲットとしている行動に子どもが自発的に参加できるように、小道具をカスタマイズしたり、演出を工夫したりする方法を考えました。これらの工夫を取り入れることで「事実を客観的に表現する」ことについては個別室のなかで達成できるでしょう。しかし「自分のことばで自分の意見を表現する」という側面についてはどうでしょうか。**子どもの言いたいことは何か**という視点を常にもってやりとりをしたいものです。この節では、子どもの言いたいことを発見するために、共演者として担当者はどのようなスタンスで臨むべきかについて考えます。

### ◉ 現前事象から始める

　市販のバランスゲーム類は、物を操作しながら「できるかな……できないかな……」と試行錯誤したり、自分の気持ちを「できた！」「残念！」と相手に代弁してもらったり、子どもの心を動かす内容が多く含まれています。過去や未来について話すよりも子どもが注意を向けている箇所が一目瞭然なので、「今・ここ」で進めている遊びを話題にすることは、子どもの言いたいことを発見するには都合のよい活動です。

#### ①おつきさまおほしさま：

　不安定な月型の土台の上に、3色の星型パーツを乗せていきます。月型の土台から星型パーツを落とした人が負けです。色はサイコロの目によって決めます。ここではこのバランスゲームを子どもの言いたいことを発見する活動として利用します。客観的な叙述を目指していくためには名詞（星・月・サイコロ）、数、色（赤・青・黄色）、位置関係を表す語（上に、横に、
右に、左に）などを大人が話題としてあげることが考えられます。では、子どもが言いたいことを見つけ子どもが思わず言ってしまった内容を広げていくことを目的とした場合、担当者はどのように対応するとよいのでしょうか。担当者の心の動きを追いながらその視点と子どもへの対応について具体的に紹介し

ます。
**②「おつきさまおほしさま」を使ったセッションでの大人の視点と行動：**
○**目標の設定**　今回の目的は「子どもが言いたいことを発見し、それを広げる」ということとします。客観的に事実を表現する、着席、自己統制、ルール理解などではありません。子どもをじっくり観察するところから開始します。

○**子どもの観察**　子どもが「おつきさまおほしさま」の箱を机に持ってきました。新しい活動に関心を示したらしく、箱からサイコロや星を取り出しました。子どもが何に関心をもつか見守る時間を最低1〜2分必ず確保しましょう。何色から出す？　どうやって並べる？　机の上に全部の星を出して両手で混ぜ合わせたり、立たせてみたり、机から落としてみたり。子どもの行動から関心事を探ります。操作がうまくいかないときに少し手伝う程度で基本的には大人は手を出しません。大人の存在に子どもは気づいているでしょうか。介入をどこまで受け入れられるでしょうか。自分がやろうとしていることがうまくいかない場面（思いがけず星が落ちるなど）ではどんな様子を見せるでしょうか。

○**大人の介入**　子どもがものと触れ合う時間が終わった後、大人が少し誘導します。箱を見ながら「これ面白そう。私、やってみたいな」。子どもの同意が得られた場合、箱の写真を参照しながら準備をします。子どもが拒否する場合はここまでで終了とします。

○**ゲーム開始**　ルールに沿った活動（サイコロを振る→色を選ぶ→積み上げる）を実際にやってみせます。積み上がった星が落ちる瞬間は聴覚的にも視覚的にも子どもが関心を示すことが多いものです。子どもが関心を示した出来事を担当者もじっと観察し、オノマトペや感嘆詞で強調しましょう。子どもがルールを理解したタイミングを見計らって大人が失敗してみせます。子どもの表情変化を待って「うわー」「ガチャンって」「ざんねん！」「先生の負け」など短くことばをかけます。「悔しいからもう一回やりたい」とリクエストし繰り返し誘います。視聴覚的な刺激だけでなく、相手が失敗することも子どもの関心事となります。大人の間違い（星の色や順番を間違えるなど）に子どもはどう反応するでしょうか。大人は「間違えちゃった」「え？どれ？」と言いながら、子どもが指示を出すのを待ちます。

　サイコロが机の端に当たって部屋の隅に飛んでしまうこともあります。2人ともサイコロを見失ってしまうこともあるでしょう。「どこかな」と一緒に探し「あった」と見つけます。星パーツがきわどいところでとどまり落下しないこともあるでしょう。このような場面で対象物を指さしたり、子どもにアイコンタクトを送ったりして強調したりします。このような場面で子どもとどんな気持ちを共有できるでしょうか。アイコンタクトや表情を際立たせるために、状況説明のことばかけは極力減らしてかかわりたいところです。なお、このような「子どもにとっての想定外」を大人の計画のもとに仕込んでおくことも個別セッションでは可能です。

　○気持ちの言語化　子どもは星パーツを色別に乗せようとしているのでしょうか、うまくいくように隙間を見つけているのでしょうか、箱の写真と同じように置こうとしているのでしょうか。自分なりの工夫はあるのでしょうか。ゲームを楽しんでいるのでしょうか、嫌がっているのでしょうか。拒否的な姿勢を見せる場合、理由はなんでしょう。失敗を恐れて緊張が高いのでしょうか、予測できないから不安が強いのでしょうか。子どもにとって不愉快な音がしているのでしょうか。大人は「ドキドキする」「ここに置けば大丈夫」など大げさに表情を作ったり表現したりします。これらの表現に子どもはどう反応するのでしょう。子ども自身はどんな気持ちなのでしょう。大人の「またやろうね」にどんな表情を見せるのでしょう。

◉「客観的な表現」と「言いたいこと」の違いについて
　このように各種ゲームでは「びっくりした」「嬉しい」「くやしい」「面白かった」などの情動が非言語的に表出されやすいものです。子どもが自分の気持ちを思わず表現してしまった場面が「言いたいこと」の元となります。では客観的な事実の表現と、思わず言ってしまった内容の違いをもう少し考えてみましょう。
　①「帽子が飛んだ」の文脈による違い：　次ページの図は個別室で絵カードを見て「帽子が飛んだ」と文を言う活動です。
　この活動には大人側に「言わせたい」内容があり、そのために小道具を選び

演出しています。このイラストの子どもはターゲッ
ト文を正確に表現しています。

　では同じ内容「帽子が飛んだ」を子ども自身が
「言いたい」気持ちになるのは例えばどんな文脈で
しょうか。図は母親と子どもの駅のホームでの体
験を4コマ漫画で表現しています。

　母親と子どもが駅に行きました。この駅のホームには数字やシンボル（ホー
ムの番線案内、乗車口の号車案内、路線のシンボルなど）があり、子どもはあち
こち眺め歩いています。母親が子どもの手をつかんでいますが、子どもは母親
に目を向けることはありません。急行列車が音を立てて通過しました。子ども
が急行列車を見送って頭を動かすと、目の前に母親がいて（実際は母親が子ど
もの両手を抑えて安全確保をしているのですが）、突然母親の帽子がふわっと飛び
ました。子どもは「急にママの帽子が無くなった」ことが面白くてなりませ
ん。

　子ども「ぼうし！」　母「帽子、とんじゃった」

　この一連の出来事は、絵カードを見て「帽子が飛んだ」と言う活動とは大き
く違います。子どもがある状況に思わず目を奪われ心が動いたことで、子ども

に**言いたいこと**が生まれます。「急行列車の風圧で帽子が落ちた」という出来事を二者が共有し、子どもが話題として主体的に取り上げることが会話のスタートです。このときの「ぼうし！」は結果として自身の経験や気持ちを他者に伝えることになります（母親は「やれやれ」という気持ちかもしれませんが、偶発的だとしても同じ出来事について気持ちを向けていることに違いはありません）。ここで母親は子ども自身が着目した「帽子」を話題にし、広げて返しています。これが共演者として大人がとるべきスタンスです。

　**②遊びのなかで子どもの「言いたいこと」を尊重する：**　前述の「おつきさまおほしさま」を使った活動における担当者の視点と行動を振り返ると、子どもが発見した話題を受け止め、視線や表情、指さしや短いことばかけなどで返しながらやりとりを続けることが必要だということがわかります。一見当たり前の対応だと思われるかもしれませんが、客観的な事実の表現を促すことを第一義と考えていると、つい忘れてしまいがちな観点です。子どもが自分の意見を言えるようになるためには、子ども主導の会話の元となる**言いたいこと**から始めることが必須です。

　個別セッションではリアルな体験（一緒に駅のホームに行くなど）はむずかしいですが、遊びを通して体験を共有することを目指します。子どもと大人が一緒にステージに上がり、さまざまな出来事を同時に体験し、このなかで言いたいことを発見し表現を広げていきます。個別セッションを演劇と例えたのはこの理由からです。共演者としての大人は、子どもの言いたいことを子どもと一緒に発見し尊重し、広げて返すことを心がけます（具体的な大人の振る舞いについては71ページ「(4) ブロックのカスタマイズ——玩具を使ったコミュニケーション活動」も参考にしてください）。

## ◉ 報告場面を設定する

　では過去や未来の話題についてどうやって会話を発展させたらよいのでしょうか。会話は「場面や相手の意図に合わせて聞かれたことに答える」という言語の力の集大成で非常に難易度が高いものです。その分、子ども自身が選んだテーマ、はっきりとイメージできるテーマから始めたいものです。

90

①**実物を見せる**：　セッションの直後に保護者が子どもに「今日何やったの」と質問し、子どもがことばで応じられず困惑するシーンがよく見られます。「会話を楽しむ」ことを目標にした場合、本来なら保護者と大人はまず子どもが言いたいであろうことを設定して発信するのを待つべきです。このような場面こそAACを利用しましょう。子どもが「『おつきさまおほしさま』やったよ」

と保護者に伝えたい場合、保護者にゲームの箱や勝敗表を見せるように子どもに促します。勝敗表を壁に貼ったり、担当者が率先して「みてみて」と保護者にアピールをしたりという演出が必要な場合もあります。実際に使った物を見ながらのやりとりはテーマを共有しやすいので子どもからの反応が得やすく、保護者にとっても負担が少ないようです。

　言語表現が豊かな子どもの場合、保護者への報告を前提として活動を行ない、過去について話をする経験を増やしましょう。「何を言うか」「誰に言うか」「いつ言うか」を意識し、使用した物を保護者に見せながらことばで報告をします。

②**お絵かき発表**：　❶セッションのなかで「絵描きうた」を行ない、保護者に見せるために作品を壁に飾ろう、と誘います。

❷何をどうやって言うと保護者に伝わるか、子どもと打ち合わせをします。このとき絵を描きながら子どもが言っていた内容（「ピンクが好きだから」「パパとママと僕」「まつげをつけたらオリジナルになった」など）を大人が言ってあげるとよいでしょう。❸保護者が入室した後、大人がマイクを使用し報告のお手本を見せます。大人「私はさかなを描きました」。その後、子どもが保護者に報告します。絵の完成度ではなく報告がよく伝わったことを褒めてもらうように、保護者にあらかじめ依頼しておきます。

　子どもが希望した場合、作品や使用した物品の画像を自宅に持ち帰ってほか

の家族に見せるのもよいでしょう。保護者に助けられながらほかの家族に話すことで、子どもが発信した会話が家庭内にも広がっていきます。

　③スケジュールの振り返り：　さらに発展させて、セッションでの出来事（直前の過去）を思い出して相手に伝える活動を紹介します。

　❶セッションの最初にその日のスケジュールを子どもと一緒に決め、写真・絵・文字でスケジュール表を作成します。❷それぞれの課題が終わるたびに「何をしたか」を振り返り、大人が子どもの視点で言語化して聞かせます。「今の本には（見せながら）ライオンが出てきたね」。「バスのパズルをしました。難しかったけど全部1人でやりました」。「お話カードは3つあったね。お買い物の話、自転車の話、バナナの話」。❸セッション終了時にスケジュールを見ながら振り返ります。大人「歌を歌って、パズルをして、お話を作ってから絵本を見ました」。❹どの活動が楽しかったか子どもに選択させます。保護者が迎えに来たときに「こんなことしたんだよ！」と自慢するような雰囲気を演出するとよいでしょう。

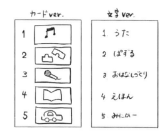

　オーダーメイドの個別セッションは、思わず誰かに言いたくなる楽しい内容のはずです。園や学校、家庭での生活では十分に味わえない達成感があります。保護者には「できたこと」「できなかったこと」よりも「楽しそうだったこと」を話題にしてもらうように伝えておきます。体験を共有している内容は、子どもの言いたいことのイメージをつかみやすいため、子どもの発語を補う絶好のチャンスです。同じ場面について言語の担当者としての説明を加えましょう。子どもの言語・コミュニケーション面に最大限に配慮して文章を聞かせることができるのは担当者の強みです。また、子どもが一番言いたいことを一番言いたい相手である保護者に説明する場を設けるのは、言語の個別セッションならではの設定です。

　個別室のなかでは必要最小限の言語表現しかしない子どもが、帰りの支度で園のリュックを見た途端に冗舌に話し始めることがあるかもしれません。子ど

もが好きなものについてセッション内に話す活動を取り入れましょう。最初は子どもが身に付けているものについて話すという方法でもよいでしょう。保護者の協力が得られたら、子どもと大人がお互いに相手に見せたいものをそれぞれ自宅から持参します。

④<u>ぼくの宝物</u>：　❶大人が自分の持ち物を見せながらその物品の説明をします。「先生の宝物を見せます。これはバースデーカードです。誕生日に友達からもらいました。私の好きなねこの絵が描いてあります」。❷子どもにも持参したものを見せながら説明するように促します。お互いに質問をし合ったり、感想を言い合ったりするとよいでしょう（例：「どこで買いましたか」「誰からもらいましたか」「このポーズ、かっこいいね」）。

数回にわたって繰り返してシリーズ化し、慣れてきたら自宅で説明を考えてから来室するように促すとよいでしょう。

この活動のように、大人自身も子どもに自分の経験や意見を話す場面を作りたいものです。一方的に話しても、一方的に聞かされても、心地よい会話にはなりません。最終的には子どもが言いたいことと、大人が伝えたいこと、話題がフィフティ・フィフティとなるのが目標です。

個別セッションを「子どもが主役となる演劇」と例えて、大人の役割について紹介しました。子どもは主体的に活動に参加することで言いたいことを見つけ、今もっている手段で快適なやりとりを続けます。子どもの言いたいことに合わせることがオーダーメイドの個別セッションですが、それは小道具を1から作るという意味ではありません。大人としての発想力と技術力で活動をカスタマイズしていくということです。保護者の協力を得ながら、子どもが経験した1本の演劇を家に持ち帰ってお話しする、そこから始まるやりとりを家族で楽しむことで子どもの会話の力が高まっていくでしょう。この良質な「かかわり」の積み重ねがことばとコミュニケーションを豊かにしていきます。

#  2 肢体不自由・知的障害の重複障害のある子ども（幼児・学齢児）

　ここから先、本節では肢体不自由と知的障害の重複障害のある子どもを対象に、支援のあり方について考えていきます。

## 1）環境づくり

### （1）障害のない乳児は自ら育つ環境をつくり出す力がある

　赤ちゃん研究が進み、生後間もない赤ちゃんにもすばらしいコミュニケーション能力があることがわかってきました。そもそも小さくて丸っこい身体もやわらかい声も笑顔も、ちょっとした動きも、本当に愛らしくて人を引き付ける魅力にあふれています。周りの大人は赤ちゃんが発するかわいい声につられて同様の声を返したり、表情の変化に応えて思いつくままにことばをかけたりします。また手足が動けばその手足に触れ、泣いたら抱き上げてあやし、笑えば頬に触れたり笑いかけたりします。授乳時は母子密着で、お互いの視線を合わせて幸福な時間を共有できます。赤ちゃんはそこにいるだけで周りからさまざまな働きかけを引き出し、かかわる大人との間には自然に、コミュニケーションらしきものが開始されています。

　そしてこの初期のやりとりが子どもたちの成長発達を後押しします。声をかけられることで、ことばの音やリズムに触れることができます。皮膚への刺激や姿勢の変化は、周りの人の存在を感じ、自分自身の身体を感じ、ボディイメージを育てることにつながっていくことでしょう。

　最初は仰向けの姿勢で動けない赤ちゃんの視野は限られています。でも首が座り頭の向きを変えられるようになれば、音のする方を見たり、保護者の動きを追視したりできるようになります。さらに腹ばいで頭部を起こし、体の向きを変えられるようになると、水平方向に視野が広がります。動きたいという意欲も育ってくることでしょう。寝返りや四つ這いができるようになると、見えているものに近づいて、触れることもできるようになります。物をつかんだ

り、握ったり、つまんだり、対象によってさまざまな手の使い方も育ちます。身近な物に触れて大きさや重さ、素材の手触りを感じることもできます。座ったり立ったりできるようになり姿勢が安定すると、物を持ち続けることができるようになって、一方の手に持った物をもう一方の手に持ち替えたり、両手に持った物をぶつけてみたりと探索行為も広がります。

　障害のない子どもは本当にあっという間に動く自由を手に入れ、毎日飽きることなく見て、聞いて、感じて、外界のさまざまな事物の存在を知り、さまざまな形で自分自身を表現するようになります。保護者はそんな子どもに寄り添い、子どもが見ている物の名前を言ったり、子どもの行為を言語化したりします。障害のない子どもはごく自然に、周囲の大人も含む環境との相互作用で成長発達に必要な刺激を受けることができるのです。

## （2）肢体不自由や知的障害を併せもつ重複障害のある子どもの場合

　重症心身障害児（以下、重症児）を例に考えてみます。重症児とは、重度の肢体不自由と重度の知的障害が重複した状態にある子どものことです。医療的な診断名ではなく、児童福祉で行政措置を行なうときの呼び方です。判定基準としては一般に、元東京都立府中療育センターの大島一良院長が 1971 年に発表した大島分類（**表Ⅱ-4**）が使われます。大島分類の第4区分まで（**表Ⅱ-4**の1～4）を重症心身障害児と定義し、第9区分まで（5～9）を周辺児と呼びます。

　先のとおり障害のない赤ちゃんは生まれた直後から周囲とのやりとりを開始します。しかし重症児の場合は、命を守るために必要なケアから始まります。一昔前に比べると、保育器の置かれた室内環境に配慮したり、保護者と触れ合う機会を作ったりと心身の成長発達を促すためのケアも進んできました。それでも、複数の管や機器につながれ保育器に入っているわが子を、保護者は不安でいっぱいの気持ちで眺める日々でしょう。

　そして子どもの側からみれば、大人との最初のかかわりは、注射や点滴など不快な刺激となりがちです。つらそうなときは抱っこして声をかけてあげたい

表Ⅱ-4　大島分類

| | | | | | (IQ) |
|---|---|---|---|---|---|
| 21 | 22 | 23 | 24 | 25 | 80 |
| | | | | | 70 |
| 20 | 13 | 14 | 15 | 16 | 50 |
| 19 | 12 | 7 | 8 | 9 | |
| | | | | | 35 |
| 18 | 11 | 6 | 3 | 4 | |
| | | | | | 20 |
| 17 | 10 | 5 | 2 | 1 | 0 |
| 走れる | 歩ける | 歩行障害 | 座れる | 寝たきり | |

※この分類には医療的ケアの有無は含まれていません。また昨今は、気管切開をしたり、胃ろうを造設したりしているけれど、運動面では特に問題がないなど、この分類では網羅できない実態にある子どもも増えています。多様な実態に合った福祉サービスが受けられる制度設計が待たれています。

ものですが、治療や生命維持に必要な点滴や酸素のチューブがそれを許さない場合もあります。感覚の過敏や鈍麻もあり、ちょっとした刺激がてんかん発作を引き起こしてしまうこともあります。やりとり以前に、お互いに安心できて、関係を深めるはずのかかわりから疎外されがちなのです。

　指導の際、保護者に「お子さんの好きなものはなんですか？」と尋ねると、答えに戸惑う保護者が少なくありません。障害のない子どもは、顔の表情や身体の動きから、こちらのはたらきかけをどう受け取っているのかが伝わってきます。しかしそうした様子が見られない場合、家族はその子の好きなものを把握する手立てが見つからないばかりか、かかわるきっかけすらつかめない、どうかかわればよいのかわからないという状況なのでしょう。

## （3）重症児のコミュニケーション支援──環境づくりの目的

　はたらきかけのきっかけを捉えにくい重症児の場合、環境づくりの一番の目的は、周囲の大人とのやりとりを通して成長発達に必要な刺激を得られるようにすることです。すなわち、大人から意図的、積極的に働きかけることで、子

どもの生活世界を刺激に満ちた豊かなものにしていくことです。

## ◎障害の重い子どもに必要な環境づくりのために

　以下は、主に障害の重い子どもをベースに考えるものです。しかし対象となる子どもの障害の程度が違っても、集団、個別、家庭へのアプローチなどかかわる場面は違っても、基本的な考え方は同じです。

　①生活環境を知る――子どもたちの日常への想像力：　例えば医療的ケアが必要な場合、ある程度体調が安定して退院となれば、保護者は病院で行なっていたケアを自宅でも実施できるよう指導を受けます。退院後は、痰の吸引や栄養剤の注入、呼吸器の管理、体位交換などの専門知識の必要なケアを、看護師に代わって家族が担うことになるのです。

　また、病院では湿度や温度が管理された病室で過ごしますが、家庭に戻れば朝夕の寒暖差や季節による湿度の変化もあります。体温調整が苦手な子どもも多く、痰の吸引はある程度湿度を保つ必要があるので、室温の調節や加湿など自宅の環境調整にも取り組む必要があります。在宅で公的な福祉・医療サービスを利用する場合、まずは相談支援員の助けを借りてプランを作成します。そしてプランができれば、通院や訓練、自身の社会生活なども踏まえて、日々の生活マネジメントは保護者の役割となります。

　医療的ケアにも外部との連絡調整にも次第に慣れて、私たちの目には手際よく熟練して見えるかもしれません。しかし必要なこととは言え、毎日家族以外の人間が家庭に出入りします。夜間の吸引やてんかん発作に備えてなかなか眠れないことも珍しくありません。きょうだいがいれば、その対応にも気を配る必要があります。毎日気の休まらない日々でしょう。

　支援者としてかかわるとき、子どもたちや家族の毎日の生活に想像力をはたらかせ、その子の生活環境を理解するよう努めることも大切です。家族の状況を改善することがコミュニケーション環境の充実につながる場合もあります。他職種との連携が欠かせません。

　②アセスメント：　障害のある子どもの様子は周囲の環境に左右されやすく、日々異なるものです。特に重症児は、その日の体調や、朝からの活動内容

などその日一日の流れにも左右されます。体調が良く力を発揮できる日もあれば、そうでない日もあり、今日できたことが明日できるとは限りません。そのような幅のある実態に寄り添い、子どもたちが力を発揮できる環境を探っていきます。そしてそのことがアセスメントにつながっていきます。

## （4）感覚の評価とあきらめないかかわり

　視覚、聴覚の評価も通常の手続きではむずかしいため、検査をする場合は誘発脳波検査を行ないます。これはさまざまな刺激が、脳に届くまでの経路に異常がないかを調べるものです。ABR（聴性脳幹反応）では、内耳から脳までの聴神経の働きについて、VEP（視覚誘発電位）では、網膜以降、脳までの視神経の働きについて調べます。しかしその結果は必ずしも明解なものではありません。脳波では伝達経路に問題がないけれど、はたらきかけても子どもの反応がわからない場合があります。一方脳波には兆候が見られないけれど、日常生活では音や光に反応しているように見える場合もあります。

　検査で提示する刺激は、生活環境にあるものを全て網羅しているわけではありません。重症児は脳の働きが未熟な場合もあります。検査結果だけでなく行動観察と合わせて柔軟に、時間をかけて評価していく必要があるのです。

　検査で結果が出ない場合も、はたらきかけに手応えがない場合も、視覚や聴覚にしっかりはたらきかけて感覚活用のチャンスを増やしましょう。加齢に伴って体調が落ち着き、生活リズムが整ってくると、見えているようだ、聞こえているようだと様子が変わってくる場合もあるのです。

## （5）認知面の評価と環境＝子どもの変化がわかる日々のルーティン

　各種発達検査は初期の項目ほど動作性のものが多く、肢体不自由がある場合、そのまま適用することは困難です。また検査項目には発達段階を象徴するトピックが取り上げられていますが、ゆっくり発達する重症児にはどれも高いハードルです。そのためできることが増えても検査の点数には反映されないということが多々あります。したがって検査の背景となる発達理論を参考にしながら、日々のかかわりのなかで情報収集に努めます。そして個々の変化を可視

化し、かかわる人全員で共有できるよう工夫していきます。

　例えば保護者には、毎日の生活のなかで必ず行なうケアや活動にはキーワードを決め、手順を決めて進めることを助言します。すなわち朝は部屋のカーテンを開けてお日様の光を取り込み「おはよう」と声をかけてしっかり頬に触れる、食事のときは注入物の入ったパックを顔の前に示して触れさせ「ご飯よ、注入するよ」とお腹に触れながら声をかけるという具合です。ことばをかけ、対象を見せて実物に触れさせ、身体に触れるというように多感覚へのはたらきかけをルーティンにしていくのです。

　通園施設や学校などの集団生活でもルーティンは大切にしています。個別の指導場面でも同様にルーティンを作ります。指導室のドアをノックしたら手すりに触れて一緒に開き、入室して所定の位置に着いたら一緒にチャイムを鳴らして始めるという具合です。刺激を受容するにも、変化に気づくのにも時間のかかる子どもたちです。いきなり「はじめます」ではなく、多様な手がかりで気づくチャンスを増やすのです。

　多感覚へのはたらきかけをルーティンにすれば、子どもたちにとっては状況の変化に気づくチャンスが増えて、見通しがもちやすくなります。一方かかわる側にとっては子どもの変化が捉えやすくなります。日々繰り返されるかかわりのなかで子どもが何に気づいているのか、どうすれば気づきやすいのかを探り、その情報を環境づくりに生かしていきます。障害のある子ども、特に重症児の場合、アセスメントと環境づくりは表裏一体なのです。

## （6）記録と情報共有でアセスメントの精度をあげる、支援につなげる

　ルーティンを決め、多感覚にはたらきかけを続けるなかで、気づいたことは些細なことでも記録しておきましょう。例えば「毎朝歌っている歌が始まると、少し肩が上がる」「ベルや鈴の音を聞かせた後、手が動く」など、小さな変化も子どもたちが何かを感じ、そのことを表現してくれた可能性があります。体調によりいつも同じ様子が見られるわけではないでしょう。けれども子どもにかかわる全員で気づいたことを共有すれば、発信のタイミングやその方法に共通のパターンが見えてくるかもしれません。子どもたちの好みや関心の

傾向を絞り込めるかもしれません。そのため行動観察の記録は、観察の視点を共有できるよう具体的に記入します。

　例えば「歌を歌うと楽しそうだった」。これでは、具体的な状況がわかりません。しかし「いつもの朝の歌を歌っていると、次第に表情が緩み、身体の緊張も抜けてきた。この歌を聴くのは5回目で、慣れてきたのかもしれない。または、この歌が好きなのかもしれない」というように、子どもの行動と前後の状況、その解釈をきちんと分けて記録します。可能であれば定期的に動画の記録も取りましょう。

　集団活動場面では、活動内容に沿ってチェックリストを作り、からだや視線の動き、表情、身体の緊張の度合いなど、見るべきポイントを共有しておけるとよりわかりやすいでしょう。そうやって蓄積された小さな変化や行為にどのような意味があるのか、発達的視点で整理することを通して、かかわる大人が価値観を共有し、一貫したかかわりにつなげていきます。

　はたらきかけにわかりやすい応答が見られない場合、支援者もかかわりを継続するにはエネルギーが必要です。このような情報共有のあり方は、家族も含め、かかわる側のモチベーションにもつながっていくでしょう。

## 2）姿勢の工夫

　最近は発達障害のある子ども向けに学校の椅子に装着する姿勢保持用のクッションがさまざま開発されています（図Ⅱ-3参照）。適切な姿勢保持支援が課題への集中を助けるのです。

　肢体不自由がある場合も学習内容に応じて、姿勢保持の負担を減らすことが基本です。例えば何か見ようと頭部を起こそうとすると、体幹の力だけでは足りずに肘をついて支えなければならないため、上肢の操作が難しいというような状況もあります。子どもが比較的負担なく維持できる姿勢をベースに、見る、聞く、操作す

図Ⅱ-3　児童用いすに装着できるサポートクッション

るなどの目的に合った姿勢を考慮します。車いすの角度を少し変えるだけで頭部が安定し、手を動かすことが楽になる場合があります。ものの見え方や見える範囲も変わります。

　障害の様相が異なれば適した姿勢も一人ひとり異なります。その子にかかわっているPTやOTに相談してみましょう。それぞれの専門性を生かしてより良い環境を作っていけるとよいでしょう。

　以下は、他職種からの助言を理解するために知っておくと便利な事柄です。

---

## ❗ 肢体不自由児の周辺でよく見かける道具あれこれ

●**クッションいろいろ：**　姿勢保持用のクッション（**図Ⅱ-4**）にはさまざまなものがあります。

> クッションで体幹を支えているところ。手が少し自由になる。

> 素材、硬さ、形もさまざま。オーダーメイドもあり。

**図Ⅱ-4　クッションの活用**

●**車いすと座位保持装置：**　車いすは移動を目的とするものです。障害の状況に合わせて設計しますが、介助者目線での取り回しの良さ、吸引器などの荷物を積むスペース、自家用車に載せることなども考慮します。

　一方安定した座位を維持する目的で作られるのが座位保持装置です。通園施設や特別支援学校では、移動するときは車いす、学習場面や食事場面では座位保持装置とで使い分けている子もいます。背もたれに体重を預け、楽に座り続けるために、多くはティルト（座面ごと角度を変える）やリクライニング（背もたれのみ角度を変える）の機構がついています。子どもの実態に合わせて、車椅子にそのような座位保持機能を持たせる場合もあります（**図Ⅱ-5**）。座面と背もたれの角

度が変わるリクライニングでは、股関節を伸ばすことができます。そのことでからだが休まる子どももいれば、伸展緊張が高まる子もいます。適切な姿勢は一人ひとり異なります。

ティルト
座面と背もたれの角度は同じ

リクライニング
座面と背もたれの角度が変わる

**図Ⅱ-5　ティルトとリクライニング**

● 立位台

・プロンボード：　体の前面を支えて立位をとるものです（図Ⅱ-6）。人間の体は二足歩行に合わせて進化し現在に至ります。そのため立位は、人の身体の構造上無理のない自然な姿勢です。しっかりサポートして立位をとると体幹が安定して頭部を起こしやすくなり、手を使うことが楽になる子どももいます。一定時間立位をとることは筋力や心肺機能の向上も促します。楽しい活動の間に立位をとれば一石二鳥というわけです。普段より視線が高くなり、視野が広がることも楽しいものです。

**図Ⅱ-6　プロンボード**

・スーパインボード：　体の後面を支えて立位をとります（図Ⅱ-7）。最初はベッドのように寝かせた状態で姿勢を整え、後から起こして立位に進めます。重症児は抗重力姿勢をとることが少なく、運動経験が少ないため骨が細く弱いものです。姿勢を変えるだけで骨折につながるリスクがあります。そのため安定した姿

勢で十分な手当をして立つことができるので安心です。角度を変えて負荷を調整することもできます。

図Ⅱ-7　スーパインボード

図Ⅱ-8　SRC ウォーカー

● ウォーカー（歩行器）

・SRC ウォーカー：　比較的どこの施設でもよく見かけるもののひとつです（図Ⅱ-8）。全身に緊張が入り、身体をぐんとそらせる子どもがいますが、これはその動きを生かして、地面を蹴って進む歩行器です。緊張を高めることは本来のぞましいことではありません。しかし自分で動くことができれば、大きな自己効力感が得られます。興味関心も広がるでしょう。高めた緊張には後できちんと手当てすることを前提に、子どもの自発性、積極性を引き出すために開発されたものです。体幹のサポートがしっかりしており、座面の角度も調整できるので上肢の操作を促す場面でも使いやすいもののひとつです。

## 3）感覚活用するための工夫

### （1）見える環境を作る

　車いすの操作が自由にできなければ見える範囲は限られます。未定頸で首を自由に動かせない場合や、障害のために身体が変形し一定の方向しか向けない

場合もあり、自分の手元を見ることが困難な場合もあります。

　一方、私たちは道を歩いているとき、進行方向に視線を向けているけれど、さまざまなものが視野に入ってきます。美しく咲いている花に季節を感じることもあるし、おもしろいデザインの看板に興味を惹かれることもあります。つまり「見ようとして見る」だけでなく、いろいろなものが「見える」という状態です。だから、障害のない子どもたちは気になったものには近づき、触れてみるなど身近な世界に積極的にかかわり、知識を増やしていきます。重症児の場合も、大人が見せたいものを目の前に提示するだけでなく、さまざまなものが「見える環境」を作ることが、主体的な「見る」につながります。

　どんなふうに視覚を活用しているのか、視力だけではなく眼球運動や左右の感覚の差、好む姿勢なども考慮する必要があります。ここは OT の得意分野です。それから ORT（orthoptist＝視能訓練士）に見ていただく機会があるならば、その評価もぜひ参考にしましょう。教材やおもちゃの提示位置、かかわる人の立ち位置などの調整に役立ちます。

## ！ 「見える環境」のために便利なグッズ

- ●鏡：　100 円均一ショップなどで入手できる軽いアクリル製の鏡が便利です（図Ⅱ-9）。自転車に取りつけるバックミラーや小ぶりなカーブミラーも活用します。角度や提示位置の調整にはアームを使います。支援しやすい位置につくと子どもの顔が見えない、そんなときにも使えます。
- ●小型カメラとモニター：　これは訪問学級の先生のアイデアです。障害が重く登校することが困難な場合、家庭に訪問して授業を行ないます。姿勢変換や上下肢の可動域に制限があるなか、どうすれば手元を見ながら操作できるか考えたものです。まずは小型カメラをその子の手元など見せたいものに向けてセットします（図Ⅱ-10）。その映像を子どもが見やすい位置に設置したタブレット端末や小型モニターに映し出します。リアルタイムで、対象物と自分の動き、それに伴う変化をモニターすることができます。見えることで、手の動きが変化し図工の作品や楽器アプリの演奏に、個性を発揮できる子もいます。そしてこの方法を使う

と、仰臥位で車椅子に乗っていても、前方を見ることができます。舞台鑑賞にも便利です。

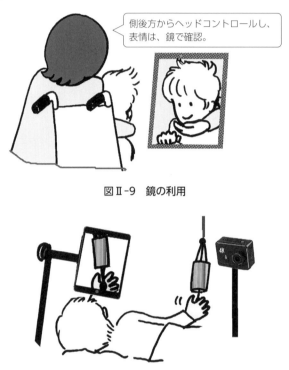

図Ⅱ-9　鏡の利用

図Ⅱ-10　アクションカメラと小型モニターで手元を見せる

## （2）聞こえる、音に気づける環境を作る

　重症児には痰の吸引や注入、体位交換などで多くの大人がかかわっています。必要なこととはいえ、時に大人同士の情報交換が子どもを置き去りにしてしまうことがあります。自分の頭ごしに交わされる会話に埋もれて、ことばかけへの関心を失ってしまっては困ります。必要なケアや情報交換は当事者である子どもと協力して行なうものです。子どもに向けられた音声が意味あるものとして届くように、大人同士の情報交換のあり方にも配慮しましょう。

　そして低体重で生まれた子どもや重症児は、刺激に気づきにくいところがあ

　ります。でも例えば、触れているものが振動して音楽が流れたり、目の前で光っているものから歌が聞こえたりと、多感覚にはたらきかけると音に気づくチャンスが広がります。以下はそのための便利グッズです。

---

### ❗ 聞くことを助けるグッズ

●振動スピーカー：　板や箱の上に乗せるとそれらが振動して音が聞こえるというものです（図Ⅱ-11）。車いすのテーブルに乗せると、振動が全体に伝わり、車いすそのものがスピーカーのような状態になります。

図Ⅱ-11　バイブレーションスピーカー　　　　図Ⅱ-12　抱っこスピーカー

●抱っこスピーカー：　円筒形のクッション型のスピーカーです（図Ⅱ-12）。膝の上に乗せたり、側臥位の姿勢で抱き枕のようにしたりして音楽を楽しみます。振動スピーカー同様、全身で心地よく音楽を感じることができます。

---

　ここで紹介したものはほんの一例です。また障害のある子ども向けに作られたものではありません。市販のものを上手に活用できれば、価格も手頃なため家庭にも取り入れやすくなります。私たちのアイデア次第です。
　それから、使いやすい衣類や食器食具など、日常を少し便利にする道具もたくさんあります。こどもの福祉用具展キッズフェスタ、国際福祉機器展などのサイトが参考になります。

## 4) AAC を始めるならば

　AAC（Augmentative Alternative Communication）は補助代替コミュニケーションと訳されます。ハイテク、ローテク、手段は何でも良いので、重度重複障害児・者のコミュニケーションを補償し、支援していこうという臨床活動全般を指します。その導入にあたって必要な環境を考えます。

### （1）豊富な情報提供を

　日常生活全般に介助を要する場合、子どもは受け身になりがちで、いつまでも幼い対応をされがちです。また知識や経験は家族など周りからの情報提供が頼みの綱です。自己決定、自己選択とはよく聞かれることばですが、それを可能にするには、自分はこれが好き、これを伝えたい、こうしたいという思いをもっていることが前提です。そのためには十分な情報提供がなされ、選択肢が用意されている必要があります。

　音楽、アニメーション、テレビドラマや映画、漫画や小説、インターネットで配信される動画など、世の中にはたくさんの情報が溢れています。何がその子の心に響くのか、同年齢の障害のない子どもたちが楽しんでいるもの、ニュースで取り上げられる世の中の動きなどなるべく幅広い内容に触れられるようにしたいものです。大人が、自身の好きなものや関心のある事柄を紹介してもよいでしょう。YouTube のゲーム実況に興奮したり、渋いジャズにリラックスしたり、アイドルに覚醒が上がったり、子どもたちの個性は、豊かな情報提供によって見えてくるものです。

### （2）独力でなくても大丈夫──コミュニケーションを楽しもう

　何かしら機器を使って「独力で意思表示する手段を身につけてやりたい」とはよく聞かれる要望です。確かにそうできたらどれほどお互いに楽だろうと思います。でも「独力で」ということが高いハードルになりがちです。

　VOCA（Voice Output Communication Aids　音声出力会話補助装置）の使用を例に考えてみます。代表的なもののひとつであるビッグマックでは、本体

上部の大きなボタンを押すと、予め録音してあるメッセージが再生されます。複数のメッセージを連続して録音再生できる機種（図Ⅱ-13）もあり、通園施設や特別支援学校では、朝の会の司会やご家庭との声の連絡帳として活用することもあります。本体に各種外部スイッチを接続して操作することも可能で便利なものです。使用にあたっては子どもたちのコミュニケーションニーズを探ると同時に、その子の生活のなかでの有効性を評価していきます。

　まずは、録音するメッセージや使用場面を考えます。「トイレに行きたい」「吸引してください」など、言わなくても時間や様子を見て大人が対応できること、対応しなくてはならないことはひとまず置いて、最初は気に入っている歌の一節を入れる、大好きな大人や友達に呼びかけるなど、子どもにとって楽しいこと、好きなことを考えます。

　次に動かせる身体部位があるかを確認しますが、最初は動きがなくても、意図的にコントロールできていなくても良いでしょう。身体を動かす経験が極

**図Ⅱ-13　ビッグステップ　バイステップ**

端に少ない子どもたちです。何度も一緒に操作するうちに感覚をつかんでいけるかもしれません。

　それからスイッチを押したら音が出る、という因果関係が理解できているかどうかも確認します。しかし、これも最初はできなくてかまいません。身体を動かしたら音が聞こえて、何やらみんなが喜ぶという経験を重ねるうちに理解できるようになるかもしれません。つまり、経験のないことを始めるのですから、まずはやってみることが大切なのです。

　ところが「独力で」とハードルを設けると、とたんにむずかしくなってしまいます。機器の指導場面でよく見られるのは、子どもが操作できるまで根気よく待つ風景です。子どもの自発的な動きを引き出したいという気持ちはよくわかります。でも因果関係がわかっている場合も、独力での操作にひどく時間がかかるようでは、実用性がなく疲れます。そして因果関係を学んでいく段階だとしたら、独力での操作を待って時間がかかり少ししか経験できなければ、学

習は進まないでしょう。使用する機器や操作方法の選択、どこに設置すれば最も効率が良いかといったアセスメントも、使う場面や回数が多い方が精度は上がります。そして楽しく使えば使うほど子どもは動作に慣れ、合理的な動きが育ってくるものです。その子にとって機器利用が必要で効果的な場面もわかってくるでしょう。

　AACの目的はコミュニケーションの充実です。手伝ってもらってもタイミングよく流行りの一発ギャグなど発して大きな反応があれば、子どもたちは表現する喜びや表現することの威力を感じることでしょう。機器の意味を理解することにもつながります。楽しいやりとりが広がれば周囲からのはたらきかけを増やす効果も期待できます。

　独力にこだわらず、手を添えて、まずは一緒に操作してみましょう。一緒に操作していると、次第に力の入るタイミングや入り方など、子どもの動きが感じられるようになります。ここぞというときにタイミングよく力が入るのであれば、状況がよくわかっているのかもしれません。ならばそれを生かして表現を支援しましょう。自分の意図が伝わったという手応えが、わかりやすい動きに育ててくれるかもしれません。

　協力して操作しながら、操作方法や機器の設置方法を調整し、時々支援の量を減らして様子を見ます。最初から「独力でなければ」と意気込むのではなく、可能な範囲で少しずつ支援を減らしていけば良いのです。

　また子どもたちの状況は常に一定ではありません。体調によっても動きは左右されますし、進行性でなくても障害は変わります。状況に合わせて手段や支援の量をいつでも柔軟に調整していくことが大切です。

## （3）拡張する支援は大切

　機器や書字など代替手段を用いる場合、操作に少しでも支援が入ると、「本当にわかっているの？　１人でやっているの？」と疑いの目を向けられることがあります。その子の力を完全に生かして、独力で行なえるように物理的な環境が調整できれば良いのですが、限界もあります。手が触れていると安心で、少し手伝ってもらえば力が発揮できるのであれば、支援を受ける方が合理的で

す。それから、いつでも同じように答えられないと、「本当に好きなの？　思い込みじゃないの？」などとかかわる側の恣意的な誘導を疑われることもあります。

　確かにかかわる側も人間です。提供する情報に何かしら偏向はあるでしょうし、思い込みもあるかもしれません。けれども「できたできない」を厳密に判定することは私たちの目的ではありません。協力して伝え合うことです。

　具体的な事実をもとに客観性を保つことはもちろんですが、力を発揮できる条件に幅があることは理解しておきたいものです。支援者にも支援のタイミングや量が絶妙な人とそうでない人がいて、外的条件に影響を受けやすい子どもたちは、いつも一定の力を発揮できるとは限らないのです。

　そして半歩、一歩踏み込んで子どもの気持ちを汲み取り応えることは、もしかしたらこちらの思い込みかもしれないけれど、子どもからの表現を引き出す助けになると考えます。

---

## ❗ コミュニケーションのための便利な道具、さまざまな機器類

　本当に多種多様なものが、さまざまな目的のために開発されているので、その全てを紹介することはできません。Web 上に、使用例の動画もたくさんアップされていますから、参考図書（112 ページ）をご覧になってぜひ検索してください。

● おもちゃと外部スイッチいろいろ

　肢体不自由のある子どもたちにとって、市販のおもちゃのボタンやレバーは扱うことがむずかしいものです。そのためおもちゃを改造し、外部スイッチをつなげ

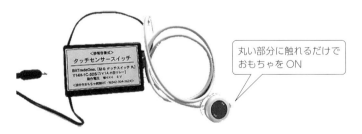

丸い部分に触れるだけで
おもちゃを ON

図Ⅱ-14　タッチセンサースイッチ（国分寺おもちゃ病院）

られるようにして使います。ビッグマックもおもちゃのスイッチとして活用でき
ます。スイッチは押す、引く、倒すなど操作方法もいろいろです。空気圧（軽く
握ったり、手を動かすだけで OK）や静電センサー（触れるだけで OK、図Ⅱ-14）な
どを使ったものもあります。

● コミュニケーション支援のために

・VOCA：　実にたくさんの種類があります。基本はメッセージを録音再生する
　というものです。しかしながら、大きさや形、操作するときに必要な力、操作方
　法そのものにも違いがあります。スイッチなども含め、取り扱っている専門業者
　が有料のレンタルもしています。とにかく試してみることです。

　　図Ⅱ-15 のように、選択肢の数を替えられるタイプや、スキャン機能がつい
　たものもあります。

スキャン機能とは
①オートスキャン：スイッチは1つ。一定の間隔で、選択枠が移動していく。
選びたい枠まできたタイミングでスイッチを押し、決定。不随意運動がある場
合、むずかしい。
②ステップスキャン：スイッチは2つ。スイッチAで、選択枠を自分で移動さ
せ、スイッチBで選択決定。

図Ⅱ-15　コミュニケーションエイドの一例

・タブレット PC：　IOS、アンドロイドとも、無料のコミュニケーション支援ア
　プリがたくさんあります。有料のアプリも無料試用期間が設けられていますから
　試してみましょう。そして、もともとそなわっている機能やアプリもアイデア次
　第で、コミュニケーションエイドの代わりになります。

　　写真フォルダは、写真や動画を指さすだけで情報を共有できます。「楽しかった
　の？」「○○に行ったのね」などと周囲からのはたらきかけも引き出せます。好き
　なものの写真を集めたアルバムを作っておけば、子どもの名刺がわりになることで
　しょう。プレゼンテーション用のアプリも同様に、写真や動画、音声を簡単に入力

できます。これも大いに活用できます。

　そして肢体不自由のある子どもの場合、ピンポイントで必要なところだけタップすることがむずかしい場合があります。そこで、タップする場所以外は触れても反応しないようにキーガードを使います。キーガードは既製品が販売されていますが、図Ⅱ-16は、透明のビニールマット（厚さ３ミリ以上）を使って自作したものです。革細工用の穴明けパンチを使っています。直径は、お子さんの指先のサイズや動きに合わせて調整します。好きなレイアウトで自作できます。

図Ⅱ-16　自作キーガード

## 5）子どもの時間を充実させるための環境──遊びの大切さ

　障害のない子どもはたくさん遊びます。例えば、大人の様子をうかがいながらわざと物を落としてリアクションを誘うという遊びは、ある時期の子どもたちに盛んにみられるものです。子どもたちはやりとりの楽しさや自己効力感を感じることでしょう。また、大人から見れば無駄に思えるようなことにも集中し、時に無謀な試行錯誤を繰り返します。しかしながらこうした経験によって探究心、課題解決力を身につけることができます。失敗や成功を経験し、そのなかで感じる気持ちの調整を学ぶこともできます。そのことが後々主体的に生きる力につながっていきます。遊びは、子どもたちが育つ上で必要不可欠なものなのです。

　一方肢体不自由のある子どもたち、重症児はというと、興味関心のおもむくままに、自身のペースで主体的に活動できる時間は案外少ないものです。訓練など健康維持のために取り組まなければならないことが多く、介助が必要なため日常生活全般に時間がかかります。「待っててね」と待機しなくてはならない時間が少なくないのです。

　もちろん通園施設、学校、訓練、どの場面でも子どもたちの好みの傾向を活動に取り入れますが、それぞれ指導目標があります。遊びは、何か現実的な利

益を求めて行なう活動ではありません。子ども自身の自主的で自由な活動なのです。障害の重い子どもにも、成果を求めず、ことの成否にこだわらず、ただただ楽しい、おもしろい、むずかしい、大変だったと気持ちが動く経験を増やしたいものです。好きなものや楽しめることがあれば、周りの人と幸福な時間を共有でき、それがコミュニケーションの糸口になります。主体的に生き、人生を楽しむこと、それが支援の最大の目的です。その意味で遊ぶことはとても重要な手立てなのです。

　重い障害のある子どもの遊びはイメージしづらいかもしれませんが、かかわる側から積極的にやりとりを開始し、経験を広げていくことが糸口になると考えます。多様な刺激や情報を用意し、根気よくかかわって子どもの心を動かすものを探りましょう。提示するものはなんでもありです。日常的に馴染みのあるものとそうでないもの、音楽ならテンポや趣がはっきりと異なるもの、おもちゃなら多様な刺激が簡単な操作で引き出せるものなど、それぞれのコントラストが明確なものがよいでしょう。そしてはたらきかけた後の表情や身体の動き、緊張の度合いなど全身に目を配り、変化を見出すよう努めます。サチュレーションモニターに表示される脈拍やSPO2（酸素飽和度）の値を目安にかかわることもあります。あらゆる手立てを使って、子どもの心が動く活動を探り、子どもが主体的に活動できる環境を作っていくこと、遊びの時間を支援していくことが、コミュニケーション力の向上につながります。

**参考文献**

日本肢体不自由児協会編（2019）視線でらくらくコミュニケーション.
日本肢体不自由児協会編（2015）肢体不自由児のためのタブレット PC の活用.
日本肢体不自由児協会編（2020）コミュニケーションを豊かにするための ICT 活用〜〈続〉肢体不自由児のためのタブレット PC の活用〜.
日本肢体不自由児協会編（2020）ワクワクもっとテクノロジー　わかる、できる、もっと楽しめる.

## 6) 肢体不自由のある子どもへのアプローチ

　この項では肢体不自由特別支援学校でよく見られる、肢体不自由と知的障害を併せもつ子どもたちへのかかわり方とその考え方についてより具体的に示します。なお、文中で紹介しているおもちゃやスイッチには入手困難なものもありますが、おもちゃの特徴を参考にしていただければと思います。

### (1) 外界への気づきを促すおもちゃ遊び

　自ら身体を動かすことがむずかしい重症児の遊びは、かかわる側からやりとりを開始し、さまざまなものに一緒に触れて経験を増やしていくことで広がると述べました。おもちゃを介してかかわる過程で、子どもに寄り添い、変化に応えて発信行動を促していきます。

　受容できるものを探るという観点から、おもちゃは刺激の種類や強さ、色や手触り、形もバリエーション豊富にある方がよいでしょう。また姿勢や手の動きに制限のある子どもたちが無理なく触れられるよう、外部スイッチも含め操作方法も多様に準備できるとよいでしょう。そしていつも同じ場所に同じものを置いておくなど環境の構造化にも配慮します。いつも同じ場所にあれば、そちらを見るだけで要求表現として応えることができます。子どもにわかりやすく、子どもの発信を活かせる環境を整えます。

---

### ❗ おもちゃの紹介①　カーニバルチューブ

　海外で障害のある子ども向けに販売されているおもちゃには、刺激の有無を調整できるものがあります。左は中央のレインボウスティックを回転させると LED ラ

イトが点灯し、本体が振動してメロディが流れます。さらに裏面のディップスイッチで、「light/music/vibration」の ON/OFF を選択できるようになっています。

## ❗ おもちゃの紹介②　引っ張り合うと鳴くひよこ

　手作りです。「ひよこ笛」というものが入っていて上のゴム紐を持って揺らすと可愛い音がします。綿紐につなげた輪を子どもに持たせ、上から引っ張ると、子どもの手の動きを感じながら引っ張るタイミングや強さを調整でき、やりとりの手応えが感じられます。

## ◉ 身体を動かすことができない、表情の変化が少ないEさん

　自発的な動きや表情の変化はほとんど見られない、障害の状態に配慮していつも同じ姿勢でいることが多い、そんな子どもがいます。小学4年生のEさんもその1人です。気管切開をしており随時痰の吸引が必要です。身体は硬くこわばっていることが多く、自発的な動きはほとんど見られません。音がすると身体が緊張し、急に明るくなると顔をしかめる様子から、音や光は届いているように見えます。てんかん発作の影響か体調のためか、覚醒状態がはっきりしないこともあります。刺激の受容と発信は次のとおりです。

- ・声かけには全身に緊張が入り身体がこわばる様子があるが、しばらくすると落ち着く。ストレッチやマッサージは受け止める様子がある。
- ・音源や光源を移動させると、追いかけるように視線を動かす様子がある。
- ・笑う、泣くなどのわかりやすい表情の変化は見られないが、体調の良し悪しを反映した穏やかな表情と険しい表情は比較的はっきりしている。
- ・ことばかけにタイミングよく口を動かすことがある。さまざまな場面で見られる動きなので、応答行動かどうかは不明である。
- ・授業などで、手をとって一緒に何かしようとすると、緊張とは別に力が入る場面がある。肯定か否定かは不明だが何かしら意思を感じられる。

## ◉ 外界への気づき1　好きなものを見つけよう！

　Eさんは、周囲のはたらきかけをどのように感じているのでしょう。常に緊張しているように見えるEさんが、リラックスできる心地よいかかわりとはどんなものでしょう？　まずはそれを知ることがEさんとのコミュニケーションの足がかりになると考えました。そこでひとまず、たくさんのおもちゃやスイッチを用意して「遊ぶ時間」を設定します。

## ◉ 外界への気づき2　いろんなものに触れてみよう！遊ぼう！──その前に

　Eさんの発信行動からかかわり方を考えます。ストレッチにはリラックスできるので、人に触れられることは嫌ではないようです。しかし声かけに身体がこわばるということは、経験不足のEさんにはそれが唐突なものに感じられるのかもしれません。あるいは何が始まるのか見通しがもてないためなのかもしれません。したがってまず活動開始を知らせるため、優しい音のする鐘を鳴らして挨拶をしました。おもちゃはいつも同じオレンジ色のカゴに入れてEさんに見える位置に置きます。そしてEさんの視界に入り、使用するおもちゃを見せながら声をかけます。こちらの接近や声かけに対する身体のこわばりが落ち着くまで待って「遊ぼうね」と声をかけ、肩や上肢にしっかり触れてゆっくりと屈伸運動や回旋運動を行ないます。身体を動かす経験の少ないEさんがこれから使う身体部位を意識し、動かしやすくするためです。

　準備運動までの一連のルーティンの後でおもちゃに触れていきます。操作に当たっては、Eさんが自分の身体とその動きを感じ、主体的な経験となるようにゆっくり動かします。かかわる側にとってもEさんの緊張度合いや身体の動きを感じ取りやすくなります。これも大切なコミュニケーションです。

　また、視線の動きや口の動き、手に力が入ることから、Eさんが何かしら発信している可能性があります。そのためそれらの行為には場面状況と合わせて一定の解釈で応えます。身体がこわばりせわしなく口を動かしていたら、「嫌なのね」とやめる、落ち着いた状態のままじっとおもちゃを追視したら、「好きなのかな」とおもちゃに触れてみるという具合です。

　そしてことばかけは短くシンプルなものを心がけ、「はじめます」「おわりま

す」などの挨拶ことばのほか、「車椅子降りるよ」「姿勢を変えるよ」「もっと
遊ぶ？」「○○おしまい」など使用頻度の高いことばは、かかわる全員で表現
を統一するようにします。おもちゃの特徴や操作方法を表現するときは、耳に
残りやすいオノマトペを活用し、同様に一貫した表現にします。

> **❗ 重症児へのことばかけ・はたらきかけ**
>
> 　重症児へのはたらきかけはどうしても一方的なものになりがちです。何をどう感
> じて、どう表現しようとしているのか、確信がもてないままことばをかけ、身体に
> 触れ、何かを見せたり聞かせたりします。これでよいのかなと迷うことばかりで
> す。でも迷ったらそのことも口に出してよいのだと思います。
>
> 　私たちが子どもの気持ちの解釈に迷う状況は、子どもの側からすれば伝わらない
> なぁと困っている状況なのかもしれません。「今の返事は好きなの？　嫌なの？
> もう一度やってみるね」と互いに感じているであろう戸惑いを口に出して共有した
> 方が、子どもたちも安心なのではないでしょうか。そうやって協力しながら接点を
> 探っていけるとよいと思います。

### ◉ 外界への気づき３　Eさんの変化とかかわり──発信行動を見つけよう

　まずは広く多感覚にアプローチできるものから始めます。例えば先のカーニ
バルチューブのように、振動、音、光の３つの要素があり、簡単な操作で
フィードバックが得られるおもちゃを提示してみます。そして何かしら変化が
見られたら、振動と音、光と音、振動だけ、音だけ、というふうに刺激を絞っ
てみて、どの要素が最もよく変化を引き出すのかを探ります。拒否的な様子が
見られたら、それも記録して傾向を探ります。

　「今、手が動いたね、好きなの？　もう一度やってみるね」と手に触れなが
らことばかけしたり、「ちょっと力が入ったね、びっくりしたの？」などと力
の入った肩に触れておもちゃを変えたり、かかわる側がEさんの発信をどう
受け取ったかを言語化して伝え、状況を変えることで応えます。

　そうやって１年経つ頃、Eさんは活動に慣れたのか身体がこわばっても緩む

までの時間が短くなってきました。また最初は緊張しても次第にリラックスするものと、最初の緊張がなかなか抜けないものが分かれてきました。こうなると身体の緊張も、好みを反映した発信と捉えることができそうです。

　また、体調を反映した表情のほか、「不快」ではないけれどむずかしい表情、何か考えているように見える表情が分化してきました。考えているように見える表情のときは目の前の活動に集中しているように思われました。

　そうした観点で見ていると、高い音や振動が好みのように思われました。そこで先の「ひよこのおもちゃ」を使ってみました。「ひよこだよ」とEさんに見せ、「フワフワだね」と柔らかい生地の感触に触れさせます。それからEさんの手に輪を持たせ、振動が伝わるようにゆっくり小刻みに揺らします。

　しばらくして動きを止めるとEさんの肩が少し上がったように見えました。考える表情です。そこで肩に触れ、「もっと？」と再び「ひよこ」を動かすと力が抜けます。再び動きを止めると腕が上下に動きました。「催促」と解釈し「動いたね」と腕に触れ、「もう一回」と強弱やリズムを変えながら揺らすと、やはり力が抜けます。揺らし続けると穏やかな表情になりました。この日以降、自発的に腕を上下に動かす動作が、見られるようになりました。

## ❗ 反応、発信の解釈

　子どもの変化が見えても、その解釈に迷うことはよくあります。険しく見える表情も真剣なだけ、おもちゃを払い落とす動きもうれしくて力が入っただけかもしれません。経験不足で気持ちも動きも未分化です。どう解釈し、どう応えるべきか判断はむずかしいです。そんなときはまず、動いた身体部位に触れるなどして大人が発信に気づいたことを伝え、「あなたの発信をこんな意味に受け取りましたよ」と一貫した対応を続けていけばよいのだと思います。そうしたやりとりを重ねることで、子どもの側ではこうしたらこう応えてくれるのだなと学習するチャンスが広がります。

　さて、1年、2年とやりとりを重ねていくうちに、Eさんの発信は随分明瞭

になってきました。かかわる側は緊張の度合いや手の動き、表情の変化を指標にかかわります。すると、リラックスして腕が動くおもちゃとそうでないものあり、その対象は一貫していました。また始まりの鐘が鳴ると腕を動かすようになりました。それらは活動への期待や意欲と思われました。そして呼名や、活動の節目節目の声かけ（「車いす降りるよ」「姿勢変えるよ」「はじめます・おわります」など）に確実に口が動くようになり、かかわる側もやりとりが楽しくなりました。

> ## ❗ おもちゃの紹介③　マトリョミン
>
>
>
> テルミンという電子楽器をマトリョーシカのなかに組み込んだものです。手を近づけると音がして、手と本体の距離に応じて音程が変化します。熟練すれば曲も弾けます。電子音を嫌う子もいますが、わずかな動きにも感度よく反応してくれる優れものです。大きな楽器店で売っています。

## ◉ 外界への気づき4　Eさんの変化──発信に応えてサインへ

　そして4年目、Aさんは大人が声をかけると表情こそそれほど変わりませんが、腕を盛んに動かすようになりました。かかわりへの期待や要求と解釈できそうです。周りの大人はそんな様子を見逃さずにあれこれと働きかけます。Eさんも、もうそんなに緊張することはありません。

　さらに遊び場面で「もうすぐおしまいだよ」と予告の声がかかると、腕をせわしなく動かす様子が見られるようになりました。「もっと遊びたいね」と寄り添うことばをかけるのですが、腕の動きは落ち着くときと、さらに激しさを増す場合とがあります。そのときの活動への思いや気持ちの強さが反映されているようです。そして先のマトリョミンには真剣な表情で、腕を近づけては離すという動きを何度も繰り返しました。知的な探索活動に見えたので、大人は静かに見守りました。またあるときは喘鳴が聞こえるので「吸引する?」と聞くと、手の動きをピタリと止め、「もっと遊ぶの?」に腕や口を動かします。

場面は限定されますが、このようにことばかけに対して上手に応えているように見える場面が増えていきました。

## ◎ 外界への気づき5　まとめ

　当初意図的なものなのか評価がむずかしかった口の動きや表情、途中から加わった腕の動きが、表現手段としてわかりやすくなっていきました。場面状況やタイミングからEさんの気持ちを大人が推察し、応えることで成り立つやりとりです。本当はどう感じているのか、常に迷いはあります。しかしEさんの日常を、確実に以前より刺激のあるものにしています。

　そんなEさんの変化を整理してみます。手立てとして119～120ページの

### 表Ⅱ-5　表出コミュニケーションチェックリスト

表出コミュニケーションリスト　　　　　氏名：Eさん　　　記入日：●月×日

　　　　　　　　　　　　　　　　　　　　　　　　　　　記入者：　－

| 1　評価 | 表現の機能・意味 | | | | | | | | |
|---|---|---|---|---|---|---|---|---|---|
| 表現方法 | 受容 | 拒否 | 要求 | 否定 | 肯定 | 選択 | 応答 | 叙述 | その他 |
| 表情 | ②○ | ②○ | ③○ | | ②○ | | | | ①○ |
| 視線 | | | | | | | | | |
| 接近・接触 | | | | | | | | | |
| 動作 | ④○ | | | ⑤○ | | | | | |
| | ⑥○ | | ⑥○ | | ⑥○ | | | | |
| | | | | | | ⑦◎ | | | |
| | | | | ⑨○ | | | | 1年目 | |
| 手差し・指さし | | | | | | | | 2年目 | |
| 身振り | | ⑧○ | | | ⑩○ | | | | |
| サイン | | | | | | | | 3年目 | |
| 発声 | | | | | | | | | |
| 発語 | | | | | | | | 4年目 | |
| その他 | | | | | | | | | |

凡例　　　　　◎　　　　○　　　　△　　　　□
　　　　　　表現　　表出　場面有り　その他
（①などの番号は次ページ「3　実験の様子と配慮」の記述に対応）

※相手への意識、場面状況の理解、伝達意図の有無で表現と表出を区別する。

## 2 項目定義

| 表現の機能・意味 | 要求 | かかわってほしい　○○したい　○○がほしい | 表情 | 笑顔　しかめ面　独自の表情など |
|---|---|---|---|---|
| | 拒否 | ○○は嫌だ | 視線 | 注目・追視・凝視など |
| | 受容 | 拒否しない　働きかけを受けとめる　関心あり | 接近・接触 | 近づく・触れるなど直接的アプローチ |
| | 否定 | ○○ではない　NO | 動作 | 特定の意味をもつ独自の動作 |
| | 肯定 | ○○がよい　○○でよい　YES | 指示行為 | 指さしなど注意の共有を意図する行為 |
| | 選択 | AではなくBがよい | 身振り | 特定の意味をもつ表象的な動作表現 |
| | 応答 | 働きかけに応える　定型的やりとり・会話など | サイン | 特定の意味をもつ記号的な動作表現 |
| | 事物の叙述 | 情報の共有を意図する表現　「○○があるよ」 | 発声 | 発声 |
| | その他 | 上記のいずれにも合わないもの | 発語 | 音声言語　不明瞭なものも含む |

## 3 実際の様子と配慮

| 実際の様子 | ①体調により、穏やかな表情と険しい表情がある。 |
|---|---|
| | ①はたらきかけられると、身体に緊張が入る。　次第にリラックスできるまでの時間が短縮。活動に慣れてきたのか。 |
| | ②リラックスした表情と緊張している表情、きりっとした集中して見える表情がだれにでもわかるようになった |
| | ③おもちゃの音が止まり、腕を引っ張られなくなると、自分で腕を動かす。おもちゃを動かすとリラックスする。 |
| | ④提示物によっては、身体の緊張が緩む |
| | ⑤提示物によっては、身体の緊張がなかなか抜けない |
| | ⑥おもちゃをだすと、手をよく動かすようになった |
| | ⑦手を動かすおもちゃと、そうでないおもちゃがあり、対応がある程度一貫している。 |
| | ⑧「おしまい」「かして」には盛んに手をうごかしておもちゃを使う。 |
| | ⑨遊びの途中で「吸引する？」と聞かれると、動きをぴたりととめる。 |
| | ⑩「もっとあそぶの？」に口をもぐもぐさせ、腕を動かす。 |
| かかわり方の配慮 | |

表出コミュニケーションチェックリスト（表Ⅱ-5）を紹介します。横軸には表現の機能や意味を、縦軸には表現方法の分類を列記してあります。伝達意図の有無は現れるタイミングから判断して、実際の行為を記録します。判断に迷ったことや解釈が分かれたこと、評価のヒントとなったエピソードも記録し、発達的な視点での解釈や仮説、具体的な対応方法を書いておきます。

　というのも重症児の変化はゆっくり進みますし、それぞれ独自性が高いものです。また体調や環境に左右されやすく、やりとりには支援が不可欠です。支援の方法やタイミングが合うかどうか、すなわち介助者の対応にも左右されます。そこで体調など条件が良いときの様子と悪いときの様子、そのときの支援のあり方をしっかり記録しておくのです。その日の子どもの体調はこちらでコントロールできなくても、外的な環境は調整できます。到達点を記すというよりは、その子へのかかわりのヒント、その子に適した環境調整のあり方を共有したいのです。そしてそのような情報の蓄積が子どもの姿をわかりやすくして、かかわる人が変わってもかかわりの一貫性を保ち、子どもに合ったコミュニケーション環境を保持することに役立つと考えます。

## ❗ おもちゃの紹介④　オタマトーンメロディ

　音符型のおもちゃです（写真左）。10曲のメロディが組み込まれており、矢印部分を押すと一音ずつメロディーが進み、演奏することができます。写真は、市販のクリームケースを使って外部スイッチで操作できるよう改造したものです。

クリップで机につける。
アームの角度は自由に変
えられる。

> ・スイッチの紹介　棒スイッチ
>
> 　市販のものは矢印部に棒がついています（写真右）。ターゲットが大きい方が、操作しやすい場合もあるため、これは卵型のウレタンボールに交換してあります。どの方向にでも少し倒せば、おもちゃを動かすことができます。

## （2）たっぷり自分のペースで遊ぶ経験とその効用

　障害のない子どもたちは加齢に伴って学ぶ内容が増え、できることも増えていきます。生活半径や人間関係が広がり、求められる役割も変化します。一方肢体不自由児の場合はそうした広がりに欠け、受け身になりがちです。主体的に自分の気持ちを表現できるようになるにはどうすればよいでしょう。

### ◉ 自ら発信することが少ないFさん

　低緊張の子どもたちは、自分の身体の重みを支える筋力が不足しているため、操作活動を展開するとき、姿勢保持の負担を減らすことが重要です。Fさんは小学5年生、低緊張タイプ、座位不可、未定頸です。担当PTの助言でうつ伏せマットに乗った状態を学習時の基本姿勢としていました。視覚、聴覚ともはっきりした情報はありません。学習場面では提示物に対する追視や注視といった様子が確認できないのですが、なじんだ歌には笑顔になるので音は聞こえているようです。自発的な発信はあまりみられません。

- ・快不快ははっきりしている。笑顔になる活動もあれば、はっきりと不機嫌な表情になったり、泣いてしまったりする活動もある。
- ・子ども番組で流れる聞き慣れた歌や童謡には笑顔になる。
- ・自発的な動きは少ないが、機嫌がよいとき笑顔で右手をひらひらさせる。

### ◉ 自発的な発信1　自発的な表現を増やそう！──そのために

　Fさんは静かな存在です。集団生活では好みでない活動もありますから不機嫌になったり泣いたりもします。でも好きだという童謡のCDをかけていれば笑顔で、少々待たされていても不満を訴えることもなく、周りも特に困っていません。家族にとってはずっとかわいい存在なのです。

　重症児は、ある意味周囲が提供する世界で生きています。例えばかなり無理のある姿勢なのに、それしか知らないうちは特に問題なく過ごしています。でも通園や就学をきっかけに身体に合った座位保持装置を作り、楽な姿勢で生活するようになると、以前の姿勢に不快を訴えるようになります。すなわち、良い状況を知らないために不具合に気づけないという状況があるわけです。したがって、子どもたちから自発的な表現を引き出すためには、生活経験を広げ、楽しいことも嫌なこともたくさん知る必要があるのです。

## ◎ 自発的な発信 2　いろんなものに触れて遊ぼう！好きなことを見つけよう！

　知っていることやわかること、できることを増やして自己表現の土台を築きたいものです。そこで毎朝の自立活動に遊びの時間を設定しました。加えて F さんにとってわかりやすい環境に配慮しました。以下はその一例です。

　①オブジェクトキュー：　例えば朝の会の開始時には予定カードを貼ったホワイトボードを出して見せます。遊びの時間のおもちゃは赤いかごに入って出てきます。そのほかにも活動ごとに象徴となる具体物を予告に使います。

　②ルーティン：　遊びの時間には、以下のようなルーティンを作りました。

　・開始時はカーテンを閉じて部屋の明かりを少し落とす。

　場面の変化がわかりやすくなり、提示物に光が乱反射することを防ぎます。眩しさが見やすさを妨げていることはよくあります。

　・ベルを鳴らし、活動開始の歌を歌う。

　・赤いかごを見える位置に置き、おもちゃはそこから出して提示する。

　・終了時は、カーテンを開けて室内を明るくする。

　・おもちゃのかごを片付けてベルを鳴らし、おしまいの歌を歌う。

## ◎ 自発的な発信 3　F さんの変化とかかわり

　F さんの好きな歌を糸口にと考え、ビッグステップバイステップ（複数のメッセージが録音でき、押すと録音順に再生されるワンスイッチ VOCA）に F さんの好きな歌と馴染みのない歌を録音し、F さんが動かす右手が当たる場所に置きました。偶然にでも当たれば歌が流れます。そばにいる大人は一緒に歌っ

て聞かせます。Ｆさんの行為をきっかけに起こる変化を共有したいと考えたのです。Ｆさんは好きな歌が聞こえると笑顔ですが、そうでないときは不満そうです。それでも手の動きは止まりません。手の動きをコントロールするという経験がなかったためかもしれませんし、自身の行為と聞こえてくる歌との因果関係がわからなかったのかもしれません。

---

### ❗ おもちゃの紹介⑤　マジカルドーム

　ドーム部分を押すと、LED の組み込まれた棒が光りながら回転し、音楽も流れます。振動も感じられ、軽いタッチで動く仕組みなので、手を乗せるだけで作動します。

---

　１か月が経ちました。どんなおもちゃも音楽が聞こえていれば楽しそうで右手はよく動かします。その手をとってゆっくりおもちゃに触れさせてみますが、ひらひらさせる独自の動きが中心で、力加減や動きを調整することはむずかしいようです。そこでマジカルドームには左手を乗せてみました。すると斜め上に視線を向けて考えるような表情になります。見守っていると 10 分以上そのままです。「動けないのかな？　もっとやりたいのかな？」と一度その手を下ろしてみました。するとＦさんは、真剣な表情でじわじわと左手を動かし自分でドームに乗せ、ドームが動くと笑顔になりました。そして時間の限り 30 分以上もマジカルドームで遊び続けたのでした。

　そこで育ってきたＦさんの左手の動きを生かすための活動を考えました。iPad のアプリも使いました。画面に触れると光や音が変化するアプリを使ったときは画面をプロジェクターで壁に投影しました。Ｆさんが指を動かすと目の前の壁の色や部屋全体がカラフルに変化します。少しの動きで大きなフィードバックが得られるこの遊びは、Ｆさんのお気に入りとなりました。左手の動きは指先がメインでしたが、次第に手全体の大きな動きに発展していきました。肩や体幹の力がついてきたのかもしれません。

## ❗ おもちゃの紹介⑥　クリップヒット

楽器メーカー KORG 社製のドラム練習用キットです。クリップコードが付属しており、クリップで挟んだものに触れると本体からドラムの音がします。段ボールや厚紙がドラムに変身します。右写真では、ウレタンの棒にクリップをつけて、足元にセットしています。

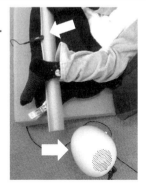

さらに8～9か月経つと遊んでいる最中に足がよく動くようになりました。体幹の力がずいぶんついてきたようです。そこでその動きを生かそうと、上の写真のようにクリップヒットをセットしました。どんどん蹴って鳴らし笑顔が見られます。大人が楽器を合わせると動作が大きくなり、歌うように声を出してそれは楽しそうです。手元に好きな曲を入れたビッグマックを置くと、自分でビッグマックを押して曲を流しながら足を動かすようになりました。曲終わりで再び押す様子あり、合奏を楽しんでいるようです。

1年経つ頃には、車椅子から降りてうつ伏せ姿勢になると笑顔になり、おもちゃの入った赤いかごが出てくると足を動かすようになりました。クリップヒットを要求しているようで、置いた途端にバンバン蹴って満足そうです。さらにビッグマックがないと左手を動かし、置くまで不満そうな声を上げるようになりました。自分の好きな遊び方を明確にイメージしているようです。

## ❗ お気に入りでじっくり遊ぶ、発展させる

「これさえあればご機嫌」というものがあると心強いものです。でもそのことが子どもの世界を狭めている場合もあります。いろいろ試してそれしか受け入れなかったのかもしれませんし、ようやく見つけたお気に入りなのかもしれません。子どものペースを尊重し、好きなものをとことん楽しむことは良いことですし、楽し

んでいる様子は何より周囲を幸せにします。

　しかしながら子どもたちは変わりうる存在です。子どもの探索意欲を引き出し、外界への関心を広げていくためにはその子の好きな要素を含み、その子の力を生かせるものを探して多様な選択肢を用意したいものです。経験が増えれば好みはより明確になり、それまで好きだったものに「飽きる」ことだってあるはずです。次を求める気持ちも育ってくると思います。

## ◉ 自発的な発信4　まとめ

　低緊張で体幹が弱く未定頸だったFさんは、1年経つ頃には体幹の支持力が向上してほぼ定頸し、座位や立位など可能な姿勢が増えました。負担の少ない姿勢で手足を盛んに動かして遊んだことが体幹のトレーニングになっていたようです。遊び続ける体力もついてきたように思います。

　気に入ったおもちゃに含まれる要素を踏まえて、少しずつ変化したものを提示したところ、楽しめるおもちゃが増えました。対象によって手の動きを変えるなど、考えて試行錯誤する様子がみられるようになり、最初は大きな動きで操作していたスイッチも、次第に小さな無駄のない動きに変化していく様子がありました。右手は力強く大きな動きが、左手は微細な動きが得意のようです。立位のときは右手をテーブルについて身体を支え、左手でおもちゃを操作します。そうした役割分担も、自分の身体を使う経験によって学んでいくことができるのです。

　姿勢の変化や具体物をヒントに見通しをもつ力も育ちました。毎朝季節の歌を楽しんでいた朝の会では、ホワイトボードが出てくるだけで笑顔になります。発声と表情、身体の動きで、好みだけでなく要求や不満まで自発的、積極的に表現できるようになったようです。Fさんのペースで活動を楽しみ、知っているおもちゃや遊び、できることが増えていったことで、自己効力感や充実感を感じ、活動への意欲や表現力が増していったように思われます。

　膨れっ面で大きな声を出し、手足を動かして「そうじゃない！」とか「もっと遊ぶ！」と訴える様子を見て、保護者はお気に入りのおもちゃを家庭にも購入してくれました。

　富田分類は、医療型障害児入所施設に勤める言語聴覚士富田朝太郎氏が自身の勤める施設で使うために作成したものです（表Ⅱ-6）。ここでは紙面の都合で全貌を紹介することができませんが、専門性の異なる職員が入所児についてある程度共通の認識をもてるようにと作成したものです。これを元に職員間の情報交換を深めることが前提となっています。乳児期から幼児期初期のコミュニケーション発達は、Bates ら（1975）の知見にもとづき「聞き手効果段階」から「命題伝達段階」までの発達段階に分けられ、これまでも初期のコミュニケーション発達を理解するうえで参照されてきました（竹田ら，2005）。富田分類では各段階での対応方法も別にまとめてあり、聞き手効果段階では「多様な感覚に働きかけ、心地よい、気持ち良い、楽しい、嬉しい、美味しい、おもしろい、と快の表現を引き出すこと」とあります。
　Ｆさんは先の通り、周りの人が本人の様子からその意図するところを読み取って応じる「聞き手効果段階」です。好きなことを探し、Ｆさんのペースでたくさん遊び、楽しい経験をしたことで、好みの表現、快不快の表現が明瞭でわかりやすいものになっていきました。クリップヒットやビッグマックの準備を求める態度は意図的な伝達行為と言えそうです。

表Ⅱ-6　富田分類

| コミュニケーション能力 | | 寝たきり | 床移動可能 | 車椅子移動 | 歩行 |
|---|---|---|---|---|---|
| | 言語期 | 13 | 14 | 15 | 16 |
| | 命題伝達段階 | 9 | 10 | 11 | 12 |
| | 意図的伝達段階 | 5 | 6 | 7 | 8 |
| | 聞き手効果段階 | 1 | 2 | 3 | 4 |

移動能力

「ものの永続性がわかる」「指さしができる」というような行為が検査項目として提示されると、その背景となる力の育ちよりも行為の可否に目が向きがちです。その意味では質の変化を指標とし、対応の目的を明確にして、個々の実態を職員間のコミュニケーションで共有するというこの方法は、子どもを見る目を育て、一貫した対応につながっていくのではないでしょうか。

---

## ❗ 重症児とおもちゃとその楽しみ方

　何を好きになるか、どう楽しむかはその子の自由です。音がきれいなおもちゃだけれど、色や手触りが気に入ることもあるでしょう。手触りや振動が楽しいおもちゃをじっと見ていたい子もいるでしょう。説明書にある正しい操作方法や楽しみ方を基準に子どもたちを見ると、「できた・できない」だけの狭い評価になりがちです。他者や自分を傷つけるような危険な行為は禁止です。でも遊び方に正解はありません。子どもはそれをどう扱うのか、何に心を動かされるのか、必要最小限の支援はしながらまずは黙って見ること、子どものあるがままの姿を受け止めることが大切です。以下は遊びを開始し、続けるためのちょっとした心得です。

・ひとまず一緒にやってみる

　子どもの動きをどこまで待つか、どこまで他動的に動かしてよいものかとても迷います。でもまずは一緒に何度もやってみることです。初めてのものは使ってみないことにはどういうものなのかわかりません。自分の身体を動かす経験が少ない子どもたちは身体の動かし方も学習途上です。子どもの表情をよく見て、手の動きを感じながらゆっくりじっくり一緒に操作して、介入するタイミングや支援の量を調整していけば良いのです。

・見るだけ、聞くだけでもOK！　見守る勇気を

　せっかくかかわるのだから、本人に何かさせなければと考えがちですが、気持ち良い音楽をただただ聞いていたいことだってあるでしょう。聞き入っているのなら聞いているだけの時間も、その子にとって充実したものなのかもしれません。好きな音楽が見つかったことを喜び、曲終わりの様子を観察して、もう一度聞くのか別の曲にして好みの表現を引き出すのか、プランを練り応える準備をしておく、そんな時間も良いと思います。

・時間を決めておもちゃを変える

　子どもの発信がつかめず、おもちゃや活動を変えるタイミングがわからないとき、あらかじめ終わりを決めておくこともひとつの方法です。音や光のアラームをセットしてもよいし、活動ごとに BGM を決めておくこともひとつの手段です。静かに曲を流してその間は遊び、曲の終わりで終了という流れにすれば、きっかけとしてはわかりやすいでしょう。手がかりを作ってかかわり、活動の変わり目に何かしら発信が見られたら、やりとりを重ねて切り替えるタイミングをつかんでいくと良いでしょう。

## （3）日常生活を助けるシンボルの活用

　先述の F さんにとっては、おもちゃを入れるかごやホワイトボードが楽しい活動のシンボルとなっていました。ルーティンのなかで使い続けることで、活動の流れに見通しをもつことを助けたようです。そしてそのことが気持ちの表現にもつながっていきました。そして「これが出てきたタイミングで、この表情なのは、きっとこういうことが言いたいのだろう」と F さんを理解するヒントにもなりました。シンボルは音声と違ってその場にあり続けるので理解を助け、情報を共有する助けとなります。そしてそれを見たり触れたりするだけで、意思を伝えることができるので、表現を助けることもできます。そんなシンボルを上手に使って子どもたちの日常生活を支援したいものです。

## ◉ シンボルの活用 1　待っている子ども、G さん

　生活全般に支援を必要とする子どもたちは何事にも時間がかかり、待っている時間が少なからずあります。G さんは小学 3 年生。座位可、寝返り、ずり這い移動可で、上肢の機能に大きな問題はありません。視覚聴覚にも問題はなさそうです。好きなのはウクレレで歌を歌ってもらうことです。しかし学校の集団生活のなかではいつでも歌ってもらえるわけではありません。音楽を求める G さんは好きなことがはっきりしているだけに、いつ歌ってもらえるのかなと落ち着かない気持ちで先生の動きを眺めています。

　・豊かな表情から気持ちや好みは伝わってくる。音楽が大好きで CD プレー

ヤーや CD、ウクレレの置いてある場所を見ながら、または手を差し伸べながら、身近な相手に声をかけて要求することができる。
・好みでないものは手で払いのけたり、顔をしかめて不満そうな声を発したりするなどして、拒否や否定を表現する。
・「歌、ウクレレ、給食、トイレ、CD、キーボード」など C さんの好きな、日常使用頻度の高い単語はわかるようだ。そちらを見たり、笑顔になる。

**Ｇさんの困りごと 〈いつ歌ってもらえるの？！〉：** 先生がウクレレと楽譜の入った黄色いファイルを持ってくれば歌ってもらえると大喜びの G さんです。しかし集団のなかではほかの子の対応もあります。連絡帳を書き終えたから歌えるよ、授業の準備をするからおしまいねと、G さんにとっては大人の事情によるタイミングがわかりにくいのです。ウクレレで歌える時間とそうでない時間があることに見通しをもてるとよいのですが。

## ◎ シンボルの活用 1- ① 歌える時間をわかりやすく共有する

まずは G さんとよく歌う歌のシンボルを作り、名刺サイズのカードを作成します。いつも使っている楽譜ファイルにも同じ
シンボルを使います。歌える時間ができたら、
B4 サイズのブラックボードを取り出してシンボルカードを貼って見せます。カードは歌い終えるごとにはずし、ボードが空になったら歌の時間はおしまいというルールです。ボードに貼り出す

カードは、歌える時間に応じて枚数を加減します。短時間のときは 2〜3 枚、時間が取れるときは 10 枚以上のカードを貼りだすこともあります。そして時々選択場面を設けて、G さんがカードに触れたらその歌を歌ったりもします。けれども G さんが手を出さなくても、大人からカードを指さして歌い、楽しい時間を過ごすようにしました。

## ◎ シンボルの活用 1-②　Gさんの変化

　2か月ほど続けると、ブラックボードを出すと近づいてくるようになりました。そしてボードが空になりウクレレを所定の位置に片付けると、怒るけれどそれ以上は要求しなくなりました。3か月ほどするとボードが空になるのを見ると、ほかの先生に CD プレーヤーやキーボードを要求するようになりました。「おわり」がわかったようです。そしてウクレレがダメならほかの手があるさということのようです。さらに半年ほどでシンボルが理解できたらしく、楽譜ファイルを出すと特定のページを開いてアピールするようになりました。大好きな歌のページです。さらには先生の顔を見ながら、ファイルをあちこちめくり、慌てて曲を変える様子を見て笑っていることもあります。

## ◎ シンボルの活用 1-③　まとめ──Gさん

　家庭でも学校でも待たなければならないことはあるでしょう。そんなとき「今はダメなのだ」と状況を理解できれば、Gさんのように次善の策に切り替えて、気持ちを調整することもできるでしょう。子どもたちの暮らす環境が、子どもたちにとってわかりやすいものになっているかどうか、ことばかけの内容やタイミング、視覚的な情報支援のあり方は、常に子どもの視点で考え、見直すことが大切です。状況が理解できれば、Gさんのように自発的に課題解決に向かう力を引き出すこともできるのです。

　またGさんは個々のシンボルの意味を理解できるようになり「この歌を歌って！」と要求できるようになりました。さらにページをめくれば曲が変わることを利用して、やりとり遊びを楽しんでもいるようです。障害のない子どもは自然なやりとりのなかでことばを学んでいきます。シンボルカードの活用も「どっち？（選ばないとできないよ）」と迫らなくても、毎日のやりとりのなかで楽しみながら学んでいくことができるのです。

## ◎ シンボルの活用 2　表出手段を育てたい Hさん

　理解力はあるけれど発語がむずかしい場合、何らかの表現手段を考えます。Hさんは小学 3 年生、発語はありませんが、身近なことはよくわかっていて

自分の気持ちがうまく伝わらないと泣いてしまうこともあります。

・自分の名前や友達の名前、「おとうさん、おかあさん、おねえさん、先生」などの名称は知っている。また、「給食だよ」と声がかかると、車いすに近づきスタンバイするなど、日常使用頻度の高いことばは理解できている。

・わかっていることには、挙手や発声で Yes、横を向いて No を表現する。

・音楽を聞くことや身体を動かす遊びが大好きで、CD やトランポリンなど具体物に近づいて直接触れるという方法で、要求を表現している。

◉ シンボルの活用 2-① 　写真やシンボルのカードで要求を伝えられると便利かも

　H さんは対象に直接触れるという方法で要求を伝えています。しかしこの方法では目の前に具体物がないと伝えることができません。また Yes/No が表現できる H さんですが、大人が選択肢を提示したときに、その範囲でなら意思表示できるという状況です。毎日繰り返されるやりとりはスムーズでも、イレギュラーな出来事や新しいことは伝える手立てがありません。そのため気持ちが伝わらずに泣いてしまうことがあるのです。H さんがシンボルや写真を選んで伝えることができるようになれば、コミュニケーションブックなどへの発展が期待できます。自分の気持ちを伝える手段を身につけることができれば、H さんも、H さんにかかわる周りの人も楽になります。

◉ シンボルの活用 2-② 　新しいルールを学ぶ

　新たな課題は、H さんの学習グループの子どもたちが意欲をもって取り組み、楽しんでいる遊具遊び場面に設定しました。そこに新しいルールを導入したのです。次ページの写真の通り、遊具の前にカラーの衝立を置き、そこに貼ったシンボルカードにタッチしたら遊ぶことができるというルールです。子どもたちがカードに触れたら、「○○ね」とことばで確認してから遊びます。

　視覚的に配慮の必要な子どももいたので、見やすく、カード同士の区別がつきやすいことを考慮して、写真ではなく「赤・黄色・緑」と色分けしたシンボルカードを使用することにしました。

## ❗ シンボルの内容はどう決める？

　iPad のアプリも含めるとさまざまなシンボルがあります。写真も使いますね。私たちの目は目的物に自然にフォーカスできますが、カメラはそうはいきません。写真には注目すべき情報を際立たせる工夫が必要です。またシンボルは指し示したい対象そのものでなくても構いません。「これが出てきたら、あれにつながる」という流れをシンプルに見せることができればよいのです。したがって、子どもにとってわかりやすく、それぞれの区別がつきやすいことが大切です。例えば音楽室に行く場合、部屋の写真よりもまずは目につくグランドピアノの写真やイラストの方がわかりやすいでしょう。また病院や訓練ならば医師や訓練担当者の顔写真もよいです。

　下は予定の確認に使っているものの一例です。①では左側に時間割、その横にその日使うツリーチャイムの写真が貼ってあり、②はツリーチャイムだけです。時間割全部を示すことが必要な子どももいますし、シンプルに示した方が効果的な子どももいるでしょう。このカードを使っている子どもたちは、カードを持って音楽室に移動します。何を伝

えたいのか、作った人の明確な意図や配慮が感じられます（写真のシンボルはドロップスを使用しています）。

## ◉ シンボルの活用 2-③　カードの意味の理解

　ルール導入初日、いつもは実物にタッチすれば良い場面で、大きな衝立が遊具を隠し、そこに大判のカードが登場しました。カードに触れることを求められたHさんは、戸惑いながらも大好きな先生に言われるままにカードにタッチ、シーツブランコを楽しみました。

　しかしもともと「こうすればこうなる」という因果関係の理解できていた子どもたちです。週1回の活動で1か月後には全員ルールが理解できるようになりました。好きな遊具に近づくとカードにタッチして「これがいいよ」というように、先生を振り返って笑顔になります。

　そこで今度は、よく選ぶカードとそうでないものを2枚、手元に並べて選択を促しました。これまでのように目の前のカードにタッチすればよいわけではなく、選ぶ必要があります。Hさんはうっかり違うものにタッチして、「○○ね」ということばの確認にもせっかちに手をあげてしまって、遊具に乗る段になって「これじゃない！」と抗うことがありました。そんなときは再びカードを示して選択を促し「よく見て選べば大丈夫」ということを伝えます。そんな試行錯誤も経験して3か月後には、カードが4枚になっても好みのものを選ぶことができるようになりました。

　さらにカードが選べるようになると、それぞれの遊具の名前もわかるようになりました。これまでは遊具が見えない部屋で「トランポリンに行く？」と聞いてもキョトンとしていましたが、カードが選べるようになると、問いかけに挙手して笑顔になり、車いすに向かうようになったのです。

## ◉ シンボルの活用 2-④　学習の発展と拡大

　半年後、歌や歌遊びもシンボルカードに取り入れました。具体的な対象物がある遊具遊びよりも抽象度は高いのですが、すぐに結びつきを理解して好きなものを選べるようになりました。そこで朝の会で日直が「絵本・歌・歌遊び」から、その日のお楽しみコーナーの内容を選ぶという活動を取り入れました。この場合「絵本・歌・歌遊び」というカテゴリを示すカードを選択し、具体的な下位項目を選ぶという2段階の選択です。しかしこれもすんなり理解でき

ました。カテゴリを示すカードは予定の確認に使用していたため、子どもたちにとって流れがわかりやすかったようです。一方今日の日直は何を選ぶのかと、子ども同士の注目が上がったことはうれしい副産物でした。

　その後 H さんには、時間割や休み時間の活動選択など、内容を絞ってコミュニケーションブックを作りました。伝えたいことのページが開くと挙手し、「音楽が楽しかった、お散歩に行く」というような内容をやりとりできるようになりました。新しい学習に取り組んだ場合は、使用する教材と H さんの様子を写真で持たせます。保護者もそれをヒントに話を膨らませることができるので、H さんへのことばかけの内容が豊かになりました。

## ◉ シンボルの活用 2-⑤　まとめ――H さん

　表現手段の拡大を目指して始めたこの学習を通じて、H さんとグループの子どもたちは理解語彙が増えました。最初は「カードにタッチすれば遊べる」という因果関係の理解が鍵となり、手元のカードを選ぶ場面ではカードが実物の代わりになることを理解したようです。試行錯誤しながら各シンボルと実物との結びつきを理解し、タイミングよくシンプルにことばかけされることで、理解語彙の増大につながったと思われます。

　さらにちゃんと選ばないと困ったことになるという経験をしているので、わからないことには返事をせず、大人の説明を待って応じるようになりました。よく見て、聞いて、考えて応えるという態度が定着したようです。

　H さんのコミュニケーションブックは、ヘルパーさんやボランティアさんとのやりとりにも威力を発揮しています。あるときコミュニケーションブックで「絵本を読む」を選んだそうです。その先のページに何冊か読んだことのある絵本の表紙が選択肢として用意されていました。でもそこには自分が求めるものがないと H さんが意思表示したので、そのまま図書館に行ったこともあったとのこと。図書館に連れていったヘルパーさんも素敵です。

**絵カード・シンボルカードの導入に適した発達段階は？**

　音声は発したとたんに消えてしまいますが、シンボルはその場に留まり、確認することができます。その意味では、どの段階の子どもにも有効で必要な手立てだと思います。EさんやFさんには、学習が始まる合図としておもちゃの入ったカゴを用いました。これをシンプルなカードに置き換えてもよいでしょう。またGさんにはボードやシンボルがウクレレの時間を象徴するものとして定着し、気持ちの調整に役立ちました。Hさんの場合は理解語彙の増大につながりました。すぐに消えてしまう音声は案外不確かなものです。シンボル＝視覚支援情報を日常にうまく取り入れることで、見通しをもって、毎日を主体的に生きていけるようにしたいものです。

## （4）AAC——コミュニケーションの質と効率そして手立ての選択

　VOCAは子どもたちの小さな動きを増幅して出力し、周囲の反応を集めることで自己効力感をもたらします。挨拶をするだけでも楽しいし、一発ギャグなどを入れて遊ぶのも良いでしょう。またその日の洋服がお気に入りであるなど言いたいことがあるときにピンポイントで使うことも効果的です。機器をうまく活用することで、伝える楽しさを経験することができます。

　VOCAに限らず、発語に代わる表現手段は個々のコミュニケーションニーズに寄り添いながら、可能な限り身体の負担が少ない効率の良い手段を考えていきます。そして何より大切なことは、子どもたちがそうした手段を生かして表現したいと思う内容を豊かにもっていることです。

### ◉ 表現力の向上、内面の充実を目指したⅠさん

　Ⅰさんは小学1年生。座位不可、寝返りが少し可、上肢は引き込む緊張が強いけれど、どうにかスイッチを押すことができます。周囲でやりとりする内容は理解できています。周囲からのことばかけに対し、手の上げ下ろしや発声で表現するYes/Noと豊かな顔の表情で自分の気持ちを伝えています。手の動きは速さや大きさと顔の表情を合わせて、微妙なニュアンスを表現していま

す。やりとりはしっかりしており、思いはいろいろありそうです。しかし、自分は「ことばを話せない」と理解しているためか、いつも大人しくはたらきかけを待っています。将来的には何かしら手立てを考えていきたいお子さんです。そこでまずは、自ら発信する機会を増やすことにしました。

## ◎ 内面の充実と表現力 1　自己表現の機会を増やす

○ VOCA の活用
・朝の会は日直の際、司会進行を務める。
・帰りの会で学習内容を報告する。報告内容は事前に話し合って決める。
・声の連絡帳を始める。学校からはその日の出来事を、家庭からは家庭での
　　トピックを録音してもらいやりとりする。
○学習場面でのさまざまな取り組み。
○たくさん遊ぶ。

---

### 🗨 コミュニケーションエイドの紹介　チップトーク

複数の機種があり、写真ではスイッチが4個ですが、8個のものもあります。スイッチ切替で6レベル利用できます。つまり4つ×6＝24個のメッセージが録音可能です。さらに、スキャン機能（＝ワンスイッチで操作可能）がついているものもあります。傾斜がついた形状は、操作のしやすさにつながっています。

---

最初は恥ずかしそうにしていた日直も、次第に友達の様子に目を配り、声を発して自身への注目を促すようになりました。司会として場を仕切る経験に大きな自己効力感を感じられたようです。また、大喜び大張り切りで学習内容を報告していた帰りの会も、半年も経つと脱線していく様子がありました。勉強以外に言いたいことがあると主張し、学校とは全く関係のない話を始めたり、

特に言いたいことはないよという日も出てきたりしたのです。発信できること
がIさんにとって特別なことではなくなってきたようです。

　「遊びたい、勉強はいや」「僕がやる」「僕のだから誰にも貸さない」など日
常的に自己主張が増え、大きな声でアピールするようになりました。またやり
とりのなかで、「お母さんはうるさい」「めんどくさい」などといったことばを
選んで笑っていることもあります。受けを狙ってあえて選んでいる様子に、I
さんの個性が見えてきました。

　文化祭の劇ではセリフをもらったので、表現方法を考えました。1つ目のセ
リフは大きな段ボールに書いて、吹き出しのように示して声を出すことにしま
した。タイミングが大切な2つ目のセリフは、いつものVOCAを使うことに
しました。当日は緊張したけれど大成功で満足そうでした。

---

## ❗ AAC　手段を柔軟に考える力

　コミュニケーション手段は、それを使う本人と一緒に考えて決めることが大切で
す。Iさんの場合も最初は使いやすそうな機器を大人が選びましたが、使い方＝場
面や内容はその都度、話し合って進めました。

　文化祭でのIさんは最初、劇の台詞はVOCAでと決めていました。台詞だから
「ことば」で言うものだと考えたようです。そこで声を出すことも上手になってい
るのだからと、声を使う方法を提案しました。大きな段ボール板に、漫画の吹き出
しのように台詞を書いてIさんの背後に示し、気持ちを込めて、ことばの切れ目を
意識して声を出すという方法です。挑戦したいけれど緊張すると声が出ないことも
あるからと、リラックスして声を出す練習をしました。VOCAにもセリフを入れ
てバックアッププランも準備します。そして自分の掛け声でみんなが動く場面で
は、確実でわかりやすいVOCAを選びました。

　学習途上では、ある程度さまざまな手立てを試してみることも大切です。試行錯
誤の積み重ねで、自分にとって有効な手立てや自分にできることがわかってきま
す。そしてそれは障害の理解につながります。

## ◉ 内面の充実と表現力２　語彙力、表現力、統語力を育てる
### ──学習のアイデア

　発語のある子どもの場合は、言い間違いや意味の誤理解、統語的な誤りはやりとりのなかで修正を受け、正しいものを学んでいくことができます。発語がない場合、そうした経験を補うよう学習内容を工夫していきます。

　①<u>双六</u>：　シンボルカードは伏せておき、めくったらことばの音の数だけ進みます。文字学習につなげるため、音節を意識すること、発語がないために曖昧になりがちな語音を意識してもらうことが目的です。

　②<u>文作り</u>：　名詞、動詞、場所や形容詞などのカードをそれぞれ数枚伏せておき、それぞれのカテゴリから１枚選んで並べ、文を作ります。そしてできた文の意味が正しいかどうかを考えます（図Ⅱ-17）。知らないことや判断がつかないことは先生が解説し、一緒に調べます。語彙や知識を増やし、誰が、何を、どうした、どうだったという簡単な統語構造を意識してもらいます。

　③<u>教科書絵本の読解</u>：　登場人物の心情や物語の因果関係などを考える読解学習は、発語がない場合や表現手段に制限がある場合、大人の解説がメインとなりがちです。そこで文字の読めないＩさんには絵本の文章をシンボルで簡潔に示し、気持ちや状況を表すシンボルカードを用意しました。登場人物の気持ちや行動動機などの設問に、各ページを見比べて気持ちのカードを考え考え選ぶ様子がありました。一緒に学習する他児と意見が異なる場面もあり、先生を

図Ⅱ-17　文作り活動の例

介して意見交換する場面もありました。

④日記：　行事や家族での外出、週末の出来事などを振り返り、経緯や感想を話し合って文にまとめます。それをシンボルに置き換えて記録します。語彙力や統語力の向上はもちろん、Ｉさんが周囲と会話を楽しむ材料になればと考えました、最初は「○○しました、楽しかったです」と定型的な感想でしたが、自分の気持ちに合う表現の選択肢を求めるようになり、次第に友達の様子などにも言及するようになりました。

### 障害のある子どもへの情報提供のあり方

　大人の判断で情報提供にタブーを設けることは極力避けたいものです。

　**ネガティブな感情もありのままに：**　子どもが否定的な態度を取ったとき「つまらなかった？」と声をかけると、そばにいる保護者が「そんなことないよね」と即座に打ち消す場面があります。かかわってくれているのに申しわけないと思われるのでしょう。しかし好みは人それぞれ、つまらないものもあるのが普通です。大人の忖度で子どもの気持ちを否定するのは残念です。それは嫌だという拒否表現を育てることは、とても大切なことなのです。またＩさんのように日常のやりとりが相手の選択肢頼みの場合、選択肢にないことは選ぶことができません。「うざい、うるさい、大嫌い、ダサい」など、同年齢の子どもなら普通に使うことばや、少々望ましくない表現も状況に照らして自然なことは選択肢に加えます。ネガティブな感情は誰にでもあるものです。表現して周囲と共有し、寄り添ってもらうことで浄化され、気持ちを調整する力も育ちます。大人になる過程で必要に応じて、ネガティブな感情の伝え方や表現の仕方などのマナーを学べるように支援できるとよいでしょう。

　**考える力は経験で培っていくもの：**　大人の思う正解を押し付けないことが大切です。好きなのを選んでいいよと促しながら、大人がじっと見ている様子を子どもたちもうかがっています。大人の表情が子どもの選択を意図せず誘導していること

は案外多いものです。肢体不自由のある子どもが指示待ちで主体性に欠けると言われがちな一因は、自分で試行錯誤し考える経験の不足にあります。今ここでの正解にこだわらず、考えて実践する過程を大切にしたいものです。失敗したり、愚かなことをやってみたりする権利は、誰にでもあるのです。

・コミュニケーション機会を増やし、日常を共有する工夫を

　下の写真は、文字が読めるようになった子どもがつけている日記です。「いつ、どこで、だれが、なにを、どうした、どうだった」というカテゴリごとに文字カードが作ってあり、そこから選んだり、ないものは書いたりして簡単な文を作ります。読み書きや統語力の向上はもちろんですが、Ｉさんの日記同様、コミュニケーション機会を増やすことにつながっています。大好きなダイオウグソクムシの話をデイサービスはじめいろんなところで伝えて大喜びです。コミュニケーション意欲が増し、発語も増えて明瞭になってきました。周囲からの情報提供も豊かになっています。

◉ 内面の充実と表現力3　エピソードで振り返る主体的な学習経験とその成果
　①小学3年生〈社会見学で電車に乗る。切符の買い方を考えよう〉：　障害者割引で切符を購入する場合、窓口で駅員さんに障害者手帳を示して申請します。料金も窓口で払います。降車駅に連絡してもらい、介助の係員が手配できたら電車に乗ることができます。そのような流れを学び、切符を買う方法を考えます。VOCAを使いたいIさんは教わったばかりの流れをもとに、駅員さんに伝えるべきことを考えました。VOCAは、複数のメッセージが録音できるワンスイッチのものを選択し、以下を録音しました。
　1-「おはようございます、よろしくお願いします。」
　2-「〇〇駅まで行きたいので連絡をお願いします。」

142

3-「障害者手帳は、かばんのなかです。小学生と介助者1名です。」

4-「お財布にお金が入っていますからとってください。」

5-「切符は、先生に渡してください。ありがとうございました。」

そしてリハーサル。1-「おはようございます」と挨拶をすると、駅員役の先生からは「おはようございます、小学生と介助者1名ですね。どちらまでですか?」と返ってきました。2-、3- を慌てて押すと、「わかりました」と切符を渡そうとするので急いで 4-、5- を押しました。ちぐはぐなやりとりに、Iさんは困り顔でアドバイスを求めます。そこで、駅員さんは慣れているから細かいことを言う必要はなさそうだね、電車の時間もあるし、ほかのお客さんもいるからシンプルな方がいいかもしれないね、とそんなことを話しました。

最終的にはクリアファイルに行き先と人数を書いたカード、お財布と手帳をはさんで、車いすのテーブルにのせることにしました。そして「おはようございます」と「ありがとうございました」だけを自分の声とともに VOCA に録音しました。この方法は駅員さんにもわかりやすかったようです。スムーズに切符を買うことができ、予定より早い電車に乗ることができました。その翌年は往復切符の存在を知り、その方が便利じゃないかと「往復切符をお願いします」とカードに記すことになりました。

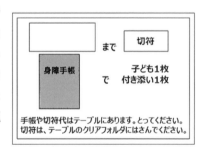

- - -

### 🔴 子どもの見方

　社会見学では、その行程を撮影した動画をご家庭に持たせました。するとIさんが家族にアピールしたのは、切符の購入などメインの活動ではなく、先生の1人が忘れ物をしたことでした。連絡帳には学習内容を記すことが多いでしょうし、子どもが感じたことの全てを伝えることはできません。しかしこのような機会に、子どものものの見方に触れると、かかわる側の視野も広がり、ことばかけの内容が豊かになります。

　②**小学５年生〈リサーチして発表　好きなことを深めると〉**：　先生からガソリンスタンドでアルバイトをしていた話を聞いて以来、ガソリンスタンドに興味津々のIさん、油種や給油量の確認に窓拭き、タイヤの空気圧チェックからお見送りの誘導まで、細かい流れをごっこ遊びのなかで繰り返し楽しんできました。そこで学校近くにあるガソリンスタンドに取材に行くことにしました。壁新聞を作って発表するという学習活動の一環です。

　取材にあたってはiPadにiPadタッチャー（iPadの画面にくっつけると、タップ動作がスイッチで可能になるもの）をつけて車いすに取り付けました。手元のスイッチを押すと写真を撮影できる設定です。気になったところは自分でスイッチを押し、写真を撮って帰ります。楽しく見学し、「タイヤの空気圧チェックとは何か？」というずっと気になっていた疑問も解決できました。自ら撮影した写真も使って壁新聞をまとめ、VOCAに説明を録音し、張り切って発表当日を迎えました。

　ところがガソリンスタンドの紹介に続いて空気圧の話を披露したところみんなの反応は薄く、Iさんはすっかり意気消沈です。授業後「みんなはIさんほどタイヤに興味がないんだよ」と先生に言われても暗い表情です。

　取材して発表するという学習はとてもよい経験になりました。そして「みんな好きなものが違う」ことを実感し、「話が受けなくてへこむ」という経験をしたこともまた貴重な学びになったようです。

　③**中学１年生〈ボランティア講座で講師を務める〉**：　地域の人を対象に行なうボランティア講座で、講師を務めてくれないかと依頼がありました。Iさんは快諾、行事やイベントで活動を支援してくださるボランティアさんに言いたいことがあるようです。VOCAを使うという提案には、自身の活動がスイッチを押すだけになってしまうからつまらないと迷っています。そこでちょっとした劇を撮影して見せることにしました。絵本を取ってほしいと本棚の前でアピールするIさんに、先生が勝手におすすめの絵本を出して読み始めるという設定です。Iさんは懸命に怒った顔を作り、先生の手に触れて抗議する演技をしました。そして動画の終わりにVOCAで「僕が考えて決めるので、勝手に決めないでください」と伝えました。とても印象的で好評でした。

そして翌年も同じ依頼を受けたＩさんは「自分で決めたいこともあるけれど、どちらでもいいこともあるので、何でもかんでも聞かないでください」と伝えました。１年の間に思うことがあったようです。

## ◎ 内面の充実と表現力４　まとめ

　表現したいことはたくさんあるＩさんですが、コミュニケーション手段は高等部卒業後も豊かな表情と手の上げ下ろしです。緊張が強くなって上肢の操作は困難になり、スイッチは頭で押すことができますが、疲れるからあまり使いたくないそうです。小さいときからさまざまな手段を手探りし練習もしました。でもＩさんの考えるスピードで考えている内容を伝えるには不十分で、結局のところ上記の手段が最も有効なものなのです。

　通所先の人と話す内容は決まっているし、ショートステイ先では、必要なことは伝えられるから大丈夫とのこと。自身の障害、操作の困難さや緊張による疲労などを考えた割り切りでもあるのでしょう。家族などＩさんの嗜好や考え方を知っている人とであれば趣味や日常の出来事も含め深い話ができます。旧知のボランティアさんと友達との外出企画を話し合う様子は楽しそうです。選択肢を選んで相手の思考を誘導し最終的に伝えたいことにたどり着く力はたいしたものです。少々時間がかかっても諦めません。

　障害がなくても相手との関係性でコミュニケーションの内容や目的は変わります。相手の感受性や予備知識に頼ったやりとりは何も特別なことではありません。Ｉさんにとってはこれでよいのでしょう。

　一方、どんなに時間がかかっても自分で機器を操作し、吟味した内容を表現したいという方もいます。障害によってはどんなに大変でもほかに手立てがない場合もあります。何が正解なのかはそれぞれ異なります。一人ひとり違うニーズに寄り添い、一緒に考えて、より良い手立てを探ることはなかなかむずかしいものです。

ICT の活用

　便利なものが増えています。わずかな動きを感知するスイッチもありますし、視線入力装置を使って動画編集までこなす子どももいます。もちろん使いこなせるようになる場合もあれば、実用にいたらない場合もあります。

　しかしながら視線入力を試したら見えていることが明らかになったとか、動いた痕跡を記録していく装置を使ったら（参照iOAK）、活動によっては肩が動いていることがわかったというように発見もあります。大切なことは私たちが新しい技術を学び、実践してみることです。やってみないことには新しい技術の長所や短所、何がその子にフィットするのかもわかりません。機器類を購入することがすぐにはむずかしい場合は、WEB上に公開されている多くの実践例が助けになります。まずは知ることから始めてみましょう。

## （5）主体的に生きるためのコミュニケーション能力を育てる

　肢体不自由のある子どもは語彙や表現力が広がらないと言われます。障害のない子どもたちは加齢に伴って行動範囲や人間関係が広がっていきます。部活動や習い事などで年齢の異なる友達ができて、勉強以外の活動で交流する場面も広がっていきます。しかしながら肢体不自由と知的障害を併せもつ子どもたちはそうした広がりに乏しく、限られた人間関係のなかで過ごしがちです。社会に出ていくときに必要なスキル、すなわち自身の障害を理解し、必要な支援を求めて主体的に生きていくために必要なコミュニケーション能力を身につけるためにどうかかわればよいでしょう。

### ◎ 考える力、自信をもって表現する力を育てたいJさん

　Jさんは小学2年生、筋力が弱く素早い動作は苦手ですが、上肢の機能に目立った障害はありません。車椅子をビュンビュンこいで、動き回ること、絵を描くことや工作が大好きで、自宅に戻れば1人であれこれ作っているようです。構音がやや不明瞭で、ゆっくりした口調です。長い単語や複雑な単語が苦手ですが日常のやりとりに支障はありません。ひらがなは少し読めるようにな

りました。でも自分にできないことがあるとわかっているからか、慎重で臆病なところがあります。そのため自分から会話を開始することや、大人に声をかけて介助を頼むことが苦手です。自分に自信を持って、気持ちや経験を表現できるようになると日常が少し楽になるでしょう。毎日の生活に自分の好みや考えを反映させて、いろんな人の支援を主体的に求めて生きていけるようになってほしいものです。

## ◉ 主体的に生きる1　やりたいこと、好きなことをやってみよう！
### ──そのために

　日々の授業で基礎学力の向上に努めながら、お絵かきや工作が大好きなJさんがいつでも造形活動に取り組めるようグループ学習の教室をアトリエのようなしつらえにしました。描画の道具やカラフルなビーズ、紙や毛糸、のりやハサミ、カッターやちょっとした工具も置いてあります。興味のある活動であれば子どもたちは集中し、主体的に考えることができるでしょう。じっくり考える過程で『こうしたらこうなる、こうするためにどうするか』と、論理的な思考も育っていきます。Jさんの好きな活動で、挑戦や試行錯誤の経験を支援したいと考えました。

## ◉ 主体的に生きる2　道具の工夫

　造形活動で使う道具は、無駄な失敗をしなくてもすむように使いやすいものを試して選んでもらいます。そしてなぜそれが良いのかを話し合いました。例えばハサミは通常タイプよりもカスタネットタイプ（写真）の方が手全体で握るので力を入れやすいといった具合です。

　失敗経験にも学びはあります。しかし障害のある子どもの場合、その子の力を活かせる環境を用意し、できる方法を一緒に探して成功体験を重ねることも大切です。多くの「できない経験」をしている子どもたちが、自分にもできる方法があると知ることは大きな自信になります。できる経験

があれば、できないことを受け入れることもできて、障害の理解につながります。周囲にどういった配慮を求めれば良いのか考える力につながっていきます。

◎ **主体的に生きる３　情報提供と対話と支援**

　学習場面でも造形活動場面でも、あらかじめ関連情報を豊富に提供します。そして対話を通じて一緒に考え、求めに応じて助言します。そしてＪさんにイメージはあるけれど独力ではできないこと、スキルが足りないところは、大人が手助けします。助けてもらうことは悪いことではありません。助けを求めて協力していく過程で、イメージを共有するために伝える力が磨かれ、知識や経験を増やすことができます。

◎ **主体的に生きる４　Ｊさんの変化**

　そうした環境でＪさんはいろいろなものを作りました。最初はフェルトで携帯電話のケースを作り、車いすに取り付ける方法を考えました。お正月に神社で見た獅子舞がかっこよかったと獅子頭を作りました。

　そうするうちに、テレビで見た魔法の杖がかっこよかったから、あるいはぬいぐるみの洋服を作りたいから、どうすればよいか、ここはこの道具で良いか、ほかに良いアイデアはないかと積極的に情報を求めるようになりました。

　ビーズで友達にブレスレットを作ったときは、色を決めかねて助言を求めてきました。「いつも身につけている洋服の色を参考にしてみたら」と伝えると、「いつもとは違う色をたくさん使ってみたよ」と出来上がりを見せに来ました。自分で考えて工夫することを楽しんでいるようです。

◎ **主体的に生きる５　知識を増やし考え、判断する力をつけよう！**
　　──そのために

　新しいことばや概念が出てきたとき、わからない、知らないことが出てきたときは視覚教材を用いて理解を助けました。理解できれば、自分で判断し実践できることが増えていきます。教材や提示方法が本当に子どもの理解につな

がっているのか、常に見直し工夫しましょう。

①栽培学習「間引く」の意味を知る： 「間引き」ってなんでしょう。芽を摘めばよいのですが、ちゃんと判断基準があります。以下を参考に目的を理解したところで、ちょうど良い距離に切った厚紙を作って残す苗と摘む苗を選びました。意味がわかれば、どの苗を抜けばよいのか、独力で作業ができました。

②社会見学の事前学習でお金の使い方を学ぶ：
Jさんは10までの数の操作ができるようになったところです。社会見学では1000円のお小遣いを持っていきます。そこで買い物ごっこで100円玉10個の使い方を学びました。最初は枚数きっかりの値札で硬貨を数える練習、続いて端数のある値札でいくつ出せばよいかを考えます。す

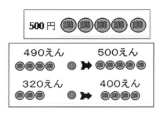

なわち、490円は「400円ともっと」だから1つ多く出せば足ります。そうやって必要枚数の硬貨を出す練習をして当日、Jさんは欲しい物がお小遣いの範囲に収まるかどうか、自分で判断することができました。

---

**❓ 褒めることと認めることの違い**

　障害があると周囲は少しの進歩にも大袈裟に喜び、褒めて励まします。それはそれで必要なことで、訓練や勉強に気持ちを前向きにしていくための手立てのひとつ

でしょう。一方で褒められることを動機付けにするのではなく、自分に必要なことを理解し、主体的に取り組めるようにしたいものです。

　そのためには、子どものなかの成長や進歩をことばにして伝えることが大切です。結果としてうまくできなかったときも、工夫したことや以前よりも進歩したことを認めて共有することはできます。成功したときも大袈裟に持ち上げるのではなく、なぜうまくいったのか具体的な努力や変化を認めることが大切です。他者と比べるのではなく、誰かに言われたからでもなく、褒められなくても、自分のなかの変化を喜びとして努力を重ねられるように支援できるとよいと思います。そうすれば失敗も次への糧となるでしょう。

## ◎ 主体的に生きる6　表現する力──伝え合う、理解しようとする力を育てる

　グループ学習のなかで当番を決めて、好きなテーマで何か短くお話をすることにしました、相手が話しているときは静かに聞くこと、質問、意見、感想など必ずコメントすることがルールです。絵を描いたり、写真を持ってきたりしても構いません。伝えたいものがある場所への移動も認めます。

### お休みの日の話

　同じグループの他児が、ショッピングモールのゲームに参加しておもちゃを当てたと話してくれました。「どんなゲームだったの？」とJさんが質問すると、「ぎゅーって引っ張って、ぱっと離してくるくるって行って穴に入ったら当たり」と答えます。Jさんが「ピンボールみたいの？」と聞くと、他児はピンボールを知らないと言います。そこで絵を描いてみることにしました。
　Jさん　「釘があって、ぶつかって、こうくるっと回ったりするの？」
　男児　　「ぱっと離すとこう行って、当たりの穴に入ったら当たり」
　その後先生が2人の絵を見ながら、オノマトペや指示代名詞で表現された内容を具体的な表現に置き換えて聞かせ、確認しました。

　上手に説明することよりも、工夫してイメージを共有することをゴールにし

て、混乱には助け舟を出すものの、やりとりの途中で介入することは最小限にとどめました。そのため相手の話に関心をもち、「こういうこと？」「これに似てる？」と活発にやりとりができたようです。ある程度お互いに理解できたところで語彙や表現のモデルを示し、文章に整理します。

　すると子どもたちの方から「こういうのなんて言えばいいの」と、伝えるためのことばや表現方法を考えるようになりました。

## ◉ 主体的に生きる7　障害の理解と社会参加

　小学校高学年では。外部の人と接点をもち、発信する機会を設けました。

　**①社会見学の準備〈映画を見に行こう〉**：　映画館のホームページを見てプログラムを調べ、劇場内の車いす席の位置を確認し、車いすのままで見るか、座席に移動するかを検討しました。車いす席は、案外条件の悪いところにある場合が多いからです。

　そして調べた結果をもとに、何時のバスに乗れば間に合うのか、そのために学校を何時に出発するかなどを考え、計画を立てました。JRの駅まではバスを利用するので、近くのバス停まで時刻表を確認しに行きました。そしてバス会社に電話して、車いすが何台乗れるかを確認しました。それから駅に連絡して、電車を利用する時間と人数を伝え、手配を依頼しました。

　**②副籍交流で〈バリアフリーについて話をする〉**：　地域の小学校の同学年児童を自分の学校に招き講師を務めました。まずはバリアフリーとは何かについて先生と一緒に調べたことを話しました。これまで行事やお出かけのたびに、車いすでの使い勝手について考えてきました。その経験から感じることをまとめて伝えたのです。駅のエレベーターには車いすが1台ずつしか乗れないこと、歩道が狭いことや傾斜があると怖いこと、一時停止の足跡マークに車いすが入っていないから残念なことなど。自宅の周り、すなわち副籍交流校の児童が通っている学校の周りで歩道の様子などを撮影してプレゼンテーション用の資料を作りました。そして

こうだといいな

iPad にその資料と音声とともに入れて自宅に持ち帰り、発表の練習をして臨みました。その成果もあり、上手に説明することができて満足そうでした。

　③<u>余暇活動を楽しもう</u>：　Jさんは身体を動かすことが大好きです。重力から解放される水泳や車いすバスケにも興味津々です。そこで地域の障害者スポーツセンターを利用してみました。すると障害のある先輩から声をかけてもらって、小さい子でも参加できる競技大会やスポーツ教室を紹介してもらいました。大人になっても続けられる趣味が見つけられるとよいと思います。

　パラリンピックをきっかけに障害者スポーツへの関心も高まっていますが、まだまだ実践できる場所は限られています。周囲の大人が情報収集に努め、子どもたちのチャンスを広げられるとよいでしょう。

## ◎ 主体的に生きる8　まとめ

　Jさんは上記のような学習経験を重ねて、支援があれば自分にもわかる、できると自信を深めていったようです。うまく言えないことばも次第に間違いを気にせずに堂々と言うようになり、明瞭に言えることばが増えました。2年生のときは「スヌーズレンルーム」が言えないために事務室に鍵を借りに行くお手伝いを断りました。ところが3年生になると、「スヌーズ」までしか言えないままですが、「伝わるよ」と助言すると借りてくることができました。馴染みのない内容の場合「(言えないけど) 紙に書いてくれれば大丈夫」とお使いを申し出るようになりました。上手に言えなくても周囲の力を借りればよいし、伝わればよいのだと自分にできる方法を前向きに考えるようになったのです。そして小学校も高学年になると、先生や年下の子どもたちに積極的に声をかけるようになりました。大人に支援を求めるときも、「ここまではできるから、ここだけ手伝って」と主体的なのです。

　成長に伴って変化する環境や自身の役割への適応など、生きていくために必要な全てを教えることはできません。自分で新しいことを学び、支援を求め、日常を楽しむ力を育てていきたいものです。

## （6）言語・コミュニケーションの専門家に求めること

　ここまでたくさんのエピソードを交えて紹介した事例は、特別支援学校での実践を下敷きにしたものです。毎日の生活のなかで継続している地道なかかわりや生活を共にしているからこそできることが多く、個別指導場面で取りくめる内容ばかりではありません。外部から支援に入る専門家は、子どもたちの生活の場に入り、限られた時間、限られた形でかかわることになります。PT やOT とは異なり、ST の専門性は教員や保育士と重複する部分もあり、特に障害の重い子どもたちには独自性を発揮しづらいところがあると思います。障害の重い子ほど毎日かかわっている人の方が情報をもっており、変化に気づけるからです。

　では何をすれば良いでしょう。限られた時間でかかわる専門家にできることは、日々かかわる人に自信を与え、意欲を引き出すことです。

　まずは個々の子どもたちの行為の価値をきちんと分析して評価しましょう。体調を整えるだけで一生懸命の毎日を送っている子どもたちもいて、私たちには想像できない大変な経験をしています。一人ひとり違う子どもたちを〇歳レベルなどと大まかな評価で語るのではなく、何ができているのか、何ができそうか、何ができると楽になるのかといった観点で寄り添い考えます。できないことはたくさんあります。肯定的な表現で、子どもの様子を共有するように努めましょう。

　そしてそばにいる人のかかわりが、子どもたちにどんな効果を及ぼしているのか、その価値を専門的な観点で評価すること、加えて次のステップに進むために生かせる専門的な視点を提供することです。本節ではアセスメントに使えそうな枠組みも示しました。こうしたものもうまく使って、子どもの現在地を日々かかわっている人と確認できるとよいのではないでしょうか。

　限られた時間の限られた情報に基づく評価の精度はそれほど高くないかもしれません。でもヒントをもらえば、毎日かかわっている人がもっている情報を使って精度を上げていくことができるでしょう。

**参考文献**

Bates, E., Camaloni. L. & Virginia. V. (1975) The acquisition of performatives prior to speech, Merrill-Palmer Quarterly, 21(3), 205-226.
竹田契一監修　里見恵子・川内清美・石井喜代著（2005）実践インリアル・アプローチ事例集．日本文化科学社.

# III

## 幼稚園・保育園・学校との連携

　子どもには発達的個性があり、適切な対応によって子どもの育ちや学びが促されます。そのことが理解されるようになるとともに、発達にかかわる専門家が子どもの所属する幼稚園や保育園、学校などと連携を取ることが多くなってきました。本章では、このような子どもの生活や学びの場との連携のあり方について考えていきます。

#  園への巡回相談

　この節では言語聴覚士（以下 ST）による幼稚園・保育園への巡回相談について考えます。この節で想定しているのは園内での支援方法について園が悩んでいる子どもに対して行なう相談です。園内で対象児が快適に過ごすための手立ての検討と、その子どもの将来像を見据えた支援方針の検討を行ないます。

　第Ⅱ章 1 で保護者が子どもの理解を進めていく過程とその支援について述べましたが、園への巡回相談も基本的には同じ考え方です。助言することが目的ではなく、園全体が対象児を理解することを目的とします。なお、保育園・幼稚園では 1 クラスに複数の大人がかかわっていることが多いでしょう。この節ではクラスを受け持っている先生のことを「担任」、場面に合わせて子どものサポートをしている先生のことを「大人」と記載します。

## 1）情報収集

### （1）社会資源についての情報収集

　入り口が「ことばの相談」であっても対象児を観察すると課題が多岐に渡っているのは個別相談の場合と同じです。巡回する幼稚園・保育園がある地域の社会資源について情報を集めておきましょう。巡回担当者自身が所属している病院や発達支援センター、地域の相談室のソーシャルワーカー、巡回を依頼してきた自治体の担当者などと連携し、必要なときには窓口となってもらえるように依頼をし、連絡方法や手順を確認しておきます。

## (2) 対象児についての情報収集

　巡回にあたっては対象児についての事前情報を得ることが必須です。年齢や基礎疾患の有無などの情報に加えて「どんなことで子どもが困っているのか」を具体的に記入した資料を提出してもらうとよいでしょう。

# 2）対象児の行動観察

## (1) 園巡回における行動観察の配慮点

　園内では普段の保育と同じ状況を観察させてもらいます。巡回担当者が訪問したことでクラスの活動が中断してしまったり、子どもたちとかかわりすぎて遊びの質が普段と変わってしまったりしないように気をつけましょう。子どもたちに「見張られている」と感じさせないようにメモ用紙を小さく折りたたんで持ち歩くなどの工夫も必要です。

## (2) 場面ごとの着眼点

　保育園・幼稚園の生活は、朝の支度、室内遊び、トイレタイム、朝の会、リズム体操、園庭遊び、給食（お弁当）などがクラスごとに進行しています。低年齢のクラスには手厚く対応できるように大人の数が多めに配置されているのが一般的です。大人と子どもの人数比を念頭に置いて対象児の人との距離やかかわりの特徴を観察します。人とのかかわりが能動的なのか、受動的なのか、相手が大人の場合と子どもの場合で違いがあるのか、困難場面で人に頼ることができるのか、頼るとしたらどんな相手に頼っているのかなどです。また、担任や大人が実践した個別的な支援（一斉指示のときに対象児に個別に声をかけている、椅子をトントン叩いてみせて着席を促しているなど）とその成果を具体的に観察し助言に活かします。

　①ルーティンワーク：　登園した子どもたちは通園バッグを決められた自分の棚に入れ、持参したコップや歯ブラシ、タオルを所定の位置に置きます。給食（お弁当）の準備も園内での決まった手順があるでしょう。対象児は日々繰り返し行なっているルーティンワークを理解し、能動的に取り組むことができているでしょうか。この場面では注意の課題や認知の課題も観察しましょう。

②**活動間の切り替え**：　活動ごとの切り替え場面に対象児はどのような姿を見せるでしょうか。例えば園庭遊びから室内に戻る場面です。一斉指示「お部屋に戻ります」への反応で対象児の全体像が推測できます。一斉指示には注意が向かない、名前を呼ぶと個別指示に応じる、視覚的な手がかりで動く、理解しても拒否する、拒否表現が未熟であるなど、たくさんの情報が得られます。対象児の様子と併せて担任や大人の個別対応の有無、出来事の因果関係を把握しましょう。

③**自由遊び**：　室内や園庭での自由遊び場面も子どもの状態像を理解するのに欠かせません。走り回る、ものを振り回しながら見つめるなどの感覚運動的な遊びを好む、道具の操作を楽しむ、ふり遊びや見立て遊びをしている、ルールに沿って遊びをしているなどの特徴をつかむと、子どもの認知発達が大まかに分かります。好んでいる遊びが人と共有できているか、むずかしいとしたらなぜなのかを能動性や人との関係の築き方の特徴から整理しましょう。

低年齢のうちは状況理解とある程度の応答性があれば、子ども同士でのやりとりの上で、一見大きくつまずいているようには見えないでしょう。しかし自由遊び場面では、学年が上がるに従って会話を介したルール変更や意図理解を要する「つもり」の共有が必要になります。わがままに見える行動（遊びに割り込むなど）も背景にルール理解の不十分さがある可能性があります。子どもの行動をコミュニケーション発達の側面から保育者に解説できるように詳細な観察が必要です。

自由遊び場面は巡回担当者が自然に対象児と触れ合うチャンスでもあります。対象児の周囲にいる子どもたちに自己紹介をしながら近づき、徐々に子どもたちの遊びに入れてもらうとよいでしょう。最初は他児と巡回担当者のやりとりが中心となりますが、場にある玩具を利用したり、メモ用紙に絵を描いて見せたり、工夫をしながら無理のない範囲で対象児のアセスメントを行ないます。呼名への反応も確認しましょう。

④**体操・リトミック**：　一斉活動である体操やリトミックの場面では、並ぶ、待つ、順番を守るなどの場面適応の姿が観察できます。聴覚的刺激への反応や動作模倣の様子も確認しましょう。正しい動きが決まっている場合、園に

よってはその動きを目指して個別的支援として直接的な介助があるかもしれません。担任の指示への反応だけでなく大人の介入への反応も観察しましょう。

　⑤<u>朝の会</u>：　朝の会での活動（挨拶、返事など）の一つひとつはルーティンワークでもあるため子どもにとって達成しやすい内容ですが、適応的な行動がとれないこと（「自分の意見が通らないと離席する」など）が主訴となる場合があります。言語・コミュニケーション面から子どもの行動の理由を分析し仮説を立てましょう。対象児は担任が提示するものに注目し、話の内容に耳を傾けているでしょうか。対象児が発するコメントは、内容的・場面的に適切なものでしょうか。姿勢・感覚・注意の課題が大きく、言語・コミュニケーション面から仮説が立てられない場合は他職種につなぐつもりで詳細を観察します。この場面では担任やクラスの特徴も見えてきます。口頭指示が中心である、視覚的な支援を積極的に利用している、比較的落ち着いたクラスである、支援を必要としている子どもが複数いるなど、対象児を取り巻く人的環境を確認します。

　⑥<u>日常生活動作</u>：　園内では更衣・食事・排泄の実態が観察できます。「発音が悪い」という主訴の場合、食事場面で摂食動作を観察することが必要です。この場合、運動発達全般にも目を向けて園庭遊びでの姿も確認し「全身運動と摂食動作が発音と関連している」というガイダンスを行ないます。巡回担当者だけではアセスメントできない場合、他職種の巡回を想定して詳細に観察を行ないます。

　食事場面はルーティンワークとして班活動を行なっている園が多く、観察ポイントとなります。班ごとに配膳列に並ぶ、メニュー発表するなどです。食事の配膳を待つ間の他児とのやりとりを含めて確認しておきましょう。

## （3）アセスメント

　メモを取りながら観察をし、行動観察まとめシート（第Ⅱ章 39〜41 ページ）を埋めていくイメージでアセスメントを行ないます。個別相談とは違って確認できないことも多くありますが、①知的水準、②注意の課題の有無、③運動の課題の有無、④言語・コミュニケーション上の特徴（発信・受信の優位性の有無、主な表現手段と特徴など）をそれぞれの根拠となるエピソードとともに整理

します。なお、現場では行動観察まとめシートに書き込んで検討する余裕はありません。担任の主訴に合致した部分を中心に情報交換の前に頭のなかで整理し、子どもの全体像を自分なりに把握してから情報交換を始めます。

## 3）園との情報交換

　筆者の経験では対象児 1 名につき情報交換は長くても 20 分程度です。ひとつでも多くの助言をしようと巡回担当者が一方的に話すよりも、担任の意見をその場で伺いながら園が物理的・時間的に実践可能な内容を探るほうが効率的です。下記は情報交換の時間の進行例です。

### （1）主訴と合致するエピソードを共有する

　情報交換の冒頭で必ず「今日の○○くんはいつもの様子を発揮していましたか」と質問します。その後当日の子どもの姿から主訴に沿うと思われるエピソードを巡回担当者が報告し、対象児の行動の理由を「先生はどう思われますか」と質問し担任の見解を聞きます。言語・コミュニケーションの側面からは同意できない意見もあるかもしれません。しかし担任は対象児についてたくさんの情報をもっている幼児教育・保育のプロです。巡回担当者が観察したのは対象児の生活のごく一部に過ぎないことを念頭に置いて担任から日々の情報を聞き取り、その上で言語・コミュニケーションの知識を利用しながら互いの解釈をすり合わせます。

### （2）妥当だった支援内容を言語化して伝える

　対象児に対して大人の支援が有効だったエピソードを具体的にお伝えします。大人が現場で使用していた指さしや身振り、視線、ことばかけの量や質などのどれが対象児に合っていたのか、どんなタイミングが良かったのかなどです。普段から無意識に行なっている対応も、対象児に合ったものを意識化することでさまざまな場面にも応用でき、負担なく支援の機会を増やすことができます（165 ページ「幼稚園・保育園の先生の独自性」参照）。

## （3）対象児の困難場面を具体的に伝える

　客観的に観察していると、担任が気づいていない困難場面が見えることがあります。いつ、どこで、どんなことで困っていたかを詳細に報告し、子どもに合った支援方法がこの困難場面でも活用できるかを検討します。人的な余力はあるのか、物理的に叶えられるのか、時間をずらすとどうなるのかなど担任の意見を伺いながら決めていきましょう。

## （4）改善が望ましい点を指摘する

　ここまでの情報交換のなかで大人の長所を確認しました。その上で改善することが望ましい点に触れます。巡回担当者には一見ネガティブに見えるかかわりをなぜ大人がしているのか、担任に理由を聞いてみることをお勧めします。そこには園生活での必然性や理由（部屋が足りない、行事の直前である、子どもの情緒の安定のため、他児とのかかわりとのバランスをとるためなど）があり、巡回当日までの試行錯誤があるものです。その日々を認めつつ「言語を促すという観点であれば私だったら○○します」という言い回しで改善が望ましい点について伝え、どんな支援だったら実践可能なのかを検討するとよいでしょう。

## （5）今後に向けて

　情報交換のまとめとして、①言語・コミュニケーションの上での経過観察の要不要、②経過観察が必要な場合の巡回日の目安、③他機関の利用を勧める場合の連携方法（164ページ「園以外の支援の場につなぐ」参照）の3点を確認して巡回を終了します。

# 4）園巡回の具体例

## （1）発音が不明瞭な子ども

　最も頻度が高いのが「発音が不明瞭である」という相談です。事前に基礎疾患や聴力の課題の有無を聴取した上で「発音が不明瞭なことで誰が何に困っているのか」を資料で確認します。低年齢のクラスで「発音が不明瞭」という主訴が出てくること自体に、STとして違和感を覚えることもあるでしょう。し

かし担任が対象としてあえて挙げているには理由があります。実際に ST が対象児を観察してみると、発音以外にコミュニケーションの成立しにくさが目立つ子どもに対してこのような訴えが多いようです。担任は「ことばが上手でないからコミュニケーションがとれない」と逆転した解釈をしているのです。この場合、同クラスの他児のコミュニケーション行動と比較しながら対象児の課題が「発音ではない」ということを理解してもらいます。その上で「不明瞭なのはなぜか」の仮説（①運動発達全般の未熟さ、②協調運動のぎこちなさ、③知的発達に基づく音韻操作の課題、④発話意欲などのコミュニケーションの課題）を立てて園内での支援方法を提案し、必要に応じて個別相談の場を案内し ST による構音検査やトレーニングにつなげます。

　また、年齢に比して幼いことを心配する場合も多いようです。子音の難易度や口腔運動の育ちについての一般的なガイダンスを行ない、園庭遊びや食事場面での丁寧なかかわりを続けながら自然に改善する見込みを伝えます。

## （2）ことばの使用が少ないマイペースな K くん

　2 歳 5 か月（1 歳児クラス）時に「単語の数が少ない。大人にはかかわってくるが子どもに関心がない」という主訴で巡回相談を行ないました。

　園庭遊びの準備の段階から観察をしましたが、K くんの身支度の様子には他児との大きな違いはありませんでした。K くんは園庭に出ると一目散に砂場に向かい、穴を掘って葉っぱを埋める遊びを黙々と繰り返しています。手元にあるコップを時々使用していますが、向かい側にいる他児と共有していることには気づいていません。しばらくして立ち上がって遊具置き場にあるお道具入れを手に取り、近くにいる大人に無言で押しつけました。見失ってしまったコップの代用品を探しているのでしょう。大人が「あけて、だね」と代弁しながらかかわると、「あけて」と小さな声でまねをしましたが大人に注目する様子はなく、ふたの開いたお道具入れから新しいコップを取り出して葉っぱ埋め遊びに戻りました。入室を促す担任の一斉指示には気づきませんでしたが、大人の指示に沿ってお道具入れに物を入れたり、棚のカーテンを下ろしたりしました。

　情報交換の場では、K くんはことばを自発的に使用することが少ない（「普

段から大人の音声模倣はあるが欲しいものの名称を具体的に言うことはない」）、他者の動きに注目できるようになってきた（「以前は他児が作った砂場の山を踏みつぶしながら横切っていたが今は山を避けて歩くようになった」）という状況であることがわかりました。ST からは、片づけの場面を例に、ことばかけという言語文脈のあるなかでの視覚的支援が有効で、応答的な行動が多かったことをお伝えしました。また、毎日の園庭遊びの際には砂場周辺の担当保育士がおり、K くん以外にも特定の 2 人の子どもが遊んでいることが多いとのことなので、同じメンバーでの遊びが繰り返し経験できそうなこの場面を今後の支援場面とすることとなりました。目標は「ものを介して人とかかわる経験をする」「物の名前を耳にする機会を増やす」と決めて、①先生のお手伝いとして道具を他児に渡すように促す、②このとき「コップをどうぞ」「ジョウロをどうぞ」と名詞を聞かせる、という支援を続けることとなりました。半年後に園に伺った際には「おとなしく 1 人で遊んでいることが多いが、ことばはとても増えた」とのことでこの後は巡回の対象児としては挙がることはありませんでした。

## （3）理解力が全般的にゆっくりな L くん

　2 歳 5 か月（2 歳児クラス）時に「意味のあることばを言わない」と巡回相談の対象となりました。

　室内遊びでは、お気に入りのマラカスをなめながらままごと遊びコーナーと絵本の棚の間をふらふら歩きまわって時間を過ごしています。大人が手招きをしたり名前を読んだりすると L くんはニコニコと近寄ってきます。観察中発声はほとんどありませんでした。全介助で靴を履かされていましたが「手取り足取り」の支援に特に抵抗はありません。観察中に担任が「口の筋肉に何か問題があるのでしょうか」と訴えてきたため食事場面を追加で観察しましたが、器質的な課題は見られませんでした。以上の様子から ST は知的発達の課題が有意味語の獲得を阻んでいるとアセスメントしましたが、担任は理解力に関して特に心配していないとのことでした。そこで発声そのものを増やすことを目標に、くすぐり遊びや追いかけっこで発声の機会を増やすことを提案し、進級後の経過観察を ST から申し出ました。

　3歳5か月（3歳児クラス）時には「有意味語（先生／あお／やだ）はあるが、音声模倣をしないのでことばが増えない」とのことでした。巡回担当者が保育室に向かうとLくんは大人と2人で大型積み木をつなげているところでした。大人のことばかけの内容を聞くと、道路を作っていることや、これが最近頻繁に行なわれている遊びであることがわかりました。大人が積み木を色名で指示してLくんが選んで積むという流れですが、Lくん口頭指示ではなく指さしを頼りにしているようです。Lくんが何かを探しはじめたタイミングでその気配を察した大人が「（いつも使っている）ブロックは廊下だよ」とことばかけをしたのですが、Lくんは手を止めて大人を見るだけで動き出しません。大人が再度「ブロックは廊下にあるよ」とことばをかけ指さしをするとLくんは廊下に出ていきましたが、その後戻ってくることはありませんでした。

　STはLくんは日常的な名詞の理解が不十分なのではないかと見立てました。情報交換で担任に確認したところ、製作の場面で「はさみ持ってきて」という指示が伝わらなかったことがあって驚いたとのことでした。クラスの大半の児が次週の園行事の説明を大まかに理解できるなかで、Lくんは目の前にあるものを指さしながら話さないと通じない、という状況である旨をお伝えすると、今回は理解力に関するこの指摘を担任も受け入れる様子がありました。観察時の「ブロック」以前のやりとりのスムーズさから、Lくんはすでに園内で個別的支援を受けていると言えるのですが、大人はLくんのことばの代弁をする目的で近くにいたので、Lくんの理解力をフォローしている意識はなかったとのことでした。園内の対応としては「ことばをまねさせる」ことを目標とせず、園内にある物品について指さしをしながら言って聞かせる対応を続けることで言語理解を促すことになりました。

　①園以外の支援の場につなぐ：　この巡回と同時期に、3歳児健診後の保健センターでのフォローもあり、保護者が発達支援センターに相談に行かれたとのことです。園巡回のなかで、Lくんのように所属園以外の支援が必要なケースにも出会うでしょう。Lくんの場合は保健センター経由となりましたが、STの巡回相談だけでは適切な支援ができないときは発達支援センターや病院、就学移行期であれば学校につなぐ必要があることをお伝えします。このと

き、担任が理解できるように着眼点を伝えつつ、園内でのサポートがなかった場合の子どもの今後の生活をシミュレーションするとよいでしょう。担任が子どもの状態像と支援の必要性を十分に理解できると、保護者の支えとなってくれるはずです。

　②幼稚園・保育園の先生の独自性：　一般的に幼稚園教諭や保育士は生活年齢ごとの集団を一斉保育しています。「この子に対しては2歳児クラスのお子さんに話しかけるつもりでお願いします」と伝えると子どもにあったことばかけがすぐにできる先生が多いのも、学年ごとに自身の対応を変える術をもっているからだと思われます。また、園の先生たちは支援の必要な子どもを集団のなかでフォローする技術ももっています。例えば散歩に出かける準備でも、一人ひとりに帽子をかぶせながら「お散歩行こうね」と声をかける、各児の名を呼びながら手招きをして二人組を作る、保育室のドアの前で手を上げて「つきぐみさん、整列！」と声かけするなど、指示の出し方は学年に沿って段階的に変わります。そして集団の流れを作りながら少しはみ出している子どもに対して、近寄って個別指示をする、「つきぐみさん、○○くんもね」と対象児の名前を呼ぶ、他児に対象児を誘うように依頼するなど、いくつものパターンを組み合わせて対応しています。このような技術の高さを巡回のなかで積極的に指摘し、園の先生たちに意識化してかかわってもらうことが効率的で有効な支援につながります。

## （4）言語指示だけではイメージすることがむずかしいMくん

　4歳1か月（3歳児クラス）時に「暴言が多い。家での話を自分からすることもあるが、担任が質問してもオウム返しが多い」とのことでSTの巡回の対象となりました。

　Mくんは自由遊びの際に仲良しの男児と2人で「パン屋さんごっこ」の店員のふりをしていました。通りがかる他児に声をかけたりSTに積極的に話しかけたりしています。STはMくんの質問に答えて「サンドイッチ（をください）」と注文したのですが、Mくんは自分のお勧めのパンの具材について話し続けるため会話はすれ違いました。遊びの途中で担任が「隣の部屋でこいのぼ

りを作ろう」と誘いに来ました。こいのぼりは1人1つ作成するのですが、次週までのどの時間帯に作ってもよいとのことで、一緒に遊んでいる男児は昨日作り終えたようです。Mくんは即座に「やらない」と拒否しパン屋さんごっこを続けました。自由遊びが終わりMくんは給食の準備のために自分の保育室に戻り始めます。しかし途中でこいのぼりの目玉パーツを見つけ、自分はまだ作っていないと主張し始めました。時間の都合で「明日にしようね」と言われたMくんは「うるさい、あっちいけ」と泣き叫び続け、保育室に戻るまでに結局10分ほどかかりました。

　この後の情報交換では「うるさい、あっちいけ」のような暴言は切り替え場面に多いとのこと、担任としてはMくんは気持ちを素直にことばにできないから言語面の弱さが心配とのことでした。確かに自分の気持ちを十分に表現できたとは思えませんが、STはMくんがパン屋さんごっこ中に誘われて「やらない」と断ったときの様子に着目しました。未経験のことをことばで言われても理解できなかったのではないかと推測し、会話のすれ違いも「話すこと」よりも「聞くこと」の苦手さが背景にあると担任に伝えました。担任も同意されたため「切り替えの場面で次の場面で使用する物を見せる」という手立てを提案しました。

　また、仮にMくんが「こいのぼりを作りたかった」という気持ちをことば巧みに10分間訴え続けることばの力があったとしましょう。それでも時間がないからできないという状況は変わらず、Mくんにとって事態は好転しないでしょう。このことから、状況理解や気持ちのコントロールについて心理士の巡回を園に勧めました。以降は心理士が担当しています。

## （5）目に見えたものに気持ちが移りがちなNちゃん

　2歳9か月（1歳児クラス）時に「自分の言いたいことは言う。絵本が嫌いで友達と一緒に聞かない」との主訴で巡回の対象となりました。

　巡回の日、STが保育室に入るとNちゃんは「誰のママ？」と真っ先に近寄ってきました。しかしSTが自己紹介をしようと思った瞬間に、NちゃんはSTの背後にあったホワイトボードに手を伸ばしカードを貼りなおして走り

去っていきました。ホワイトボードはその日の天気と主な活動を示すために置かれているようですが、Nちゃんは一瞬のうちに天気カードを貼り替えたのです。

　この園の保育室は、ロッカーで前室と遊び場が区切られた構造で、前室で支度を整えて遊び場に行く流れになっています。仕切りとして利用されているロッカーは各児の荷物置き場となっており、着替え置き籠、タオルかけ用フック、靴下入れ用紙コップなどで何をすべきかがすぐにわかる構造です。遊び場の棚には玩具の収納場所が写真で示されています。園生活の流れも細部の手順がわかりやすく決まっており、全体的に整然とした雰囲気です。

　園庭遊びが始まるとNちゃんは倉庫に駆けていきロープを持って出てました。その後ロープを引きずって歩いたり、地面に置いて図形らしきものを描いたりしながら忙しなく園庭内を動き回っています。周囲の子どもたちの様子にも大人からのことばかけにも注意を向ける様子はありませんでした。感覚運動の上で多少の偏りがあるようです。

　絵本場面でのことです。畳コーナーで担任が絵本を掲げて子どもたちを誘うと、Nちゃんは真っ先に担任の真横の位置に座りました。Nちゃんのあとに2人の子どもが畳コーナーに来たところで担任が読み聞かせを始めます。するとNちゃんは立ち上がって眼前にあった玩具の収納棚に歩いていき、ままごとセットを取り出して遊び始め、結局読み聞かせの場に戻ることはありませんでした。

　情報交換では「Nちゃんは朝の支度や給食準備は他児よりも早く正確でむしろ頭がよいタイプ。父親が厳しいためか大人が苦手なのかもしれない」という担任の意見がありました。ホワイトボードのエピソードを例として、STに関心があってもやりとりが中断する場面があったことを伝えると、担任も似たような経験をしたことがあると同意しました。Nちゃんは視覚的な手がかりがあると自発的に取り組む一方で、見えたものに気持ちが移りやすく、聴覚的な刺激が入りにくい場面があるということが共有できました。すると先生がこの日の読み聞かせ場面を振り返って「目の前にあった玩具に気持ちが向いたのですね」と気づき、その場で園長が棚にカーテンをつけることを提案してくれました。

168

その後園長から「担任とNちゃんは関係が良好なのにやりとりが途切れてしまう。『大人が苦手』ではないと思うので今後も巡回を続けてほしい」との要望を受けました。そこで年に1～2回の巡回を継続し、その都度園内の構造化がNちゃんの支援となっていることを確認しました。3歳児クラスのときの担任がふと漏らした「Nちゃんは私のことが嫌いなのかと思っていました」という呟きがSTの印象に残っています。支援の実際について伝えていくだけではなく、やりとりのすれ違いについては「わざとではない」とSTが言語化していくことも必要でした。Nちゃんは園内で温かく見守られながら成長し、5歳児クラスに進級したときに「班活動でも特に課題はなく楽しく過ごしている」とのことで巡回は終了となりました。

　**園内の構造化：**　園巡回では人的環境（大人と子どもの人数比、担任のかかわりの特徴など）と物理的環境（部屋・園庭の広さなど）の情報収集が必要です。子どもの作品や季節ごとの装飾などの視覚的な刺激が多く、聴覚的な刺激に注意が向きにくい部屋だったり、対象児の座席の位置次第で他児の存在がお手本になったり気が散る要因になったり、行き当たりばったりな保育内容で見通しがもちにくかったり、スケジュール表や時計といった視覚的な手がかりを利用して時間の構造化がなされていたりと、環境は園によって大きく違います。Nちゃんの園の構造化は、数年前に在籍していた子どものために発達支援センターの助言で整えたもので、Nちゃんのためではないとのことです。整然とした環境のなかだったからこそ、Nちゃんは視覚的な理解が高いという長所が発揮され、口うるさく指示されたりせず大人との良好な関係を保って生活できたのでしょう。もし違う園だったらNちゃんの課題はもっと複雑で入り組んだものになっていたかもしれません。

## （6）ルール理解がむずかしいOくん

　5歳3か月（年中クラス）時に「集会のお話タイムで他児にちょっかいを出しトラブルになる。話を聞いていないようなので別室対応したほうがよいだろうか」と相談がありました。
　Oくんは姓名や好きな食べ物などの簡単な質問には応じますが、質問の一

部に反応して関係のない自己経験を話し始めるなど、幼さがみられました。クリスマスリース作り活動のときです。担任がクラス全体に「クリスマスにお家でどんな飾り付けをしますか」と問い、子どもたちが挙手して答えるというお話タイムが活動の導入として行なわれました。〇くんは全く聞いていない様子です。しかし担任が色紙やリボン、シールなどを取り出し、クラス全員の前で材料を掲げなからお手本を作る姿を見せ始めると、〇くんは担任の手元に注目し始めました。その後実際に作り始めると、工程がわからなくなったのか離席して他児に話しかけたりしていました。他児とおしゃべりはするのですが、リースの作り方について質問することはなく、最終的には担任に手伝われながらなんとかリースを完成させました。

　情報交換の場では、物を提示しながら指示を出したときの〇くんの注目のよさをお伝えし、見せながら伝えることを原則とすることで担任と合意しました。また、導入部分では終始おしゃべりをしていたので、まずは傾聴場面を〇くんに意識してもらうことになりました。担任からは「今まで何回も注意してきたのに〇くんはわかってくれない」との悩みが打ち明けられたので、ST から一般的な内容（①個別の声かけ「〇くんも聞いてね」を時々行なって注意喚起する、②「3つお話があります」を伝えたあと「1番…、2番…、3番…」と話して見通しをもたせる、③「手はおひざにして聞いていてね」とやるべきことを伝え「〇くんの手、おひざに乗っていてかっこいいね」と褒める）をお伝えしました。まずは〇くんが成功体験を積むことが目標です。なお、別室対応に関しては、園内の保育体制や保育観にかかわることなので見解はお伝えしませんでした。

　年長になった 6 歳 2 か月時には「班での話し合いに参加できない」との相談がありました。集会中は最前列に座り先生の話に相槌をうちながら熱心に聞いています。前の日の出来事を発表する活動では、曜日ごとに決まった班の子どもたちが前に出て順番に発表するルールなのですが、自分の班は発表日ではないにもかかわらず〇くんは何度も前に出ようとして、その都度他児から引き戻されるという様子でした。

　〇くんは〇くんなりの成長が見られますが、依然として傾聴が苦手です。そこで高頻度でわかりやすい支援ができる場面として集会のときの「前の日の

出来事発表」を支援場面とし、発表者はマイクを持つという新たなルールを取り入れることになりました。○くんが発表役を視覚的に理解しやすくなるだけでなく、他児にとってもモチベーションとなりそうだとのことで担任も支援に前向きでした。

　この後「曜日ごとに班が決まっている」というルールの理解のむずかしさにSTが言及しました。すると担任も「運動会の練習で競技のルールがなかなか理解できなかった」と話し始め、実は就学後の学習面を心配しており、保護者に就学相談を促した方がよいのかどうか悩んでいるとのことでした。

　<u>園の後方支援として：</u>　巡回では子どもの状態像を確認し、園内でできる支援について検討しますが、担任が知りたいと思っていることがほかにもないか探る必要があります。ベテランの担任であればSTの巡回以前に子どもの発達に合わせた対応をされており、多くの場合、STは「今の対応を継続してください」とお伝えします。ではなぜあえて○くんを巡回の対象としたのでしょうか。

　○くんの先生は「みんなと一緒に1年生になったら○くんは学習の場面で困るだろう」と具体的にイメージしています。一方でこれまで2年半の成長を間近で見ているため「就学後にもっと伸びて追いつくかもしれない」との思いもあり、学習の心配をしていることについて、保護者に持ち掛けることを躊躇していました。巡回の場でSTが「就学相談に行った方がよい」と言えば、それを第三者の判断として保護者に伝えたかったようです。そこでSTは、就学相談の要不要ではなく、園生活の実態を保護者に伝えることをお勧めしました。○くんは、園内では担任や他児からの働きかけがあることで活動内容に関心を示して取り組んでいます。どんな場面でどんな手伝いをしたら○くんが快適に過ごせたのか、保護者が具体的に知ることが必要である、とお伝えしました。この後の個人面談で担任と保護者が話し合い、幼稚園とは違う環境のなかで今のような支援が継続できるか、もしも支援がなくなったらどうなるかを考え、保護者自身の選択として就学相談を利用することになったとのことです。担任と保護者は、STと担任の関係と同じように、指導する・される関係ではありません。子どもの現状を具体的に観察し、必要な支援について情報を

出し合って一緒に考える関係を築くように ST は後押ししたいものです。

　幼稚園・保育園は、ここに挙げた 5 人の例のように現場で子どもへの直接的な支援をしていくだけでなく、ほかにも家族支援の中心的役割を果たしている場合があります。子ども自身は別の場での支援の利用が望ましくても保護者の否認が強い、経済的に就労を優先せざるを得ない、家庭そのものに支援が必要であるなどのケースです。このような場合、幼稚園・保育園にかかる負担はとても大きいと考えられます。ST の巡回相談だけでフォローできない場合は、園への支援の手を厚くするために、地域の相談室や保健センター、発達支援センターと連絡をとりながらどのように家族と園を支えていくとよいか検討を続けましょう。

 ## 学校と特別支援教育

　多くの通常の小・中学校ではスクールカウンセラーなどの心理職が導入されていますが、近年、特別支援学校などでも看護師や ST、PT、OT など多様な専門職が配置されるようになってきました。専門職の配置によって子どもの実態に合った、より専門性の高い支援を学校で提供することが目指されていますが、言語・コミュニケーションの専門家には、子どもへの直接的な働きかけのほかに、授業改善や子どもの言語環境の調整にも携わるという役割が期待されています。そのなかで子どもの実態のアセスメントや、困難場面に関する見立て、指導法の助言などが求められます。教師にとっては、児童生徒への接し方を専門家から直接学ぶ OJT（On the Job Training）の機会にもなっています。OJT とは、**実際の職務現場における業務を通した研修**を意味し、学校でも教員の専門性向上に向けた研修方法のひとつとして推進されています。

　このように外部専門家への期待は高まっていますが、教員の経験がない者にとって、学校は組織が大きく、職員室はさまざまな職務を担う教員が集まる別世界に見えます。学校の組織や運営の仕組みを理解しないと学校とのかかわり方の判断が難しく、バリアを感じるでしょう。そこで本節では、学校の運営の

され方についても触れたうえで、特別支援教育にかかわる授業の枠組み、近年の動向などについて解説します。

## 1）特別支援教育と学校種

　特別支援教育には、障害のある幼児児童生徒が将来的に自立し、社会の一員として生きていくために必要な力を培う、という教育の理念があります。それに沿って、幼児児童生徒一人ひとりの教育的ニーズを把握するとともに、持てる力を最大限に伸ばし、生活や学習上の困難を改善または克服するために、適切な指導や必要な支援を提供する、というのが特別支援教育です。特別支援教育は「特別支援学校」や通常の学校のなかに設置された「特別支援学級」だけで行なわれるものではなく、幼稚園、小学校、中学校、高等学校などを含めた全ての学校園において、特別な支援を必要とする子どもたちに実施されるものです（図Ⅲ-1）。

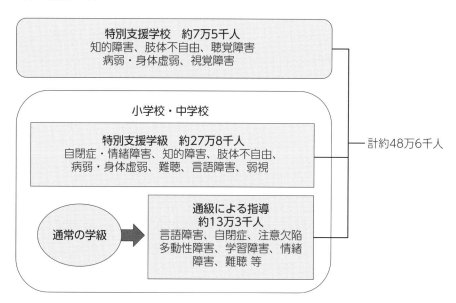

図Ⅲ-1　義務教育段階における特別支援教育の対象（障害種別の順序は占める人数にもとづく）
文部科学省令和元（2019）年度資料より

## 2）特別支援学校

　特別支援学校は、障害の程度が比較的重い児童生徒を対象として、専門性の高い教育を実施しています。数の上では、**知的障害**を対象とする特別支援学校が最も多く、次に**肢体不自由**を対象とする特別支援学校が続きます。このほかに、病気等により継続して医療や生活上の管理が必要な**病弱・身体虚弱**の子どもに対して必要な配慮をしながら教育を行なう特別支援学校、**聴覚障害**に対応する聴覚特別支援学校（**聾学校**）、**視覚障害**に対応した視覚特別支援学校（**盲学校**）があります。1学級あたりの児童生徒数は、小学部・中学部は6人、高等部は8人までとなっています（ただし、より個別的配慮が必要な重複障害学級の場合、1学級3人）。対象障害種ごとにも学校の特色があるので、ここでは知的障害特別支援学校と肢体不自由特別支援学校についてより詳しく紹介します。

### （1）知的障害特別支援学校の特徴

　1学年あたりの人数は、小学部よりも中学部、さらに高等部と上の学部に進むにつれて多くなる傾向があります。それは、進級・進学するにつれ、通常の小学校や中学校の特別支援学級などから転学してくる児童生徒が加わることが理由となります。学級や学習への適応状況によって保護者が少人数の教育環境を選択したり、特別支援学校で力を入れている自立に向けた指導をより強く望むようになったりすることが背景にあると考えられます。

　小・中学部のそれぞれの段階で、障害の特性に応じて、**知的障害の教育課程、自閉症の教育課程、重度・重複障害の教育課程**を設けている学校もあります（教育課程とは、学校教育の内容を系統立てて配列した教育計画。カリキュラム）。例えば東京都では、自閉症の教育課程のみに「社会性の学習」の授業を設定しています。

　高等部になると、知的障害の程度が軽度の生徒も在籍するようになり、自閉症の割合も減りますが、障害の状況が多様化します。**教育課程を類型化**し、企業就労といった生徒の卒後の進路に合わせた複数の教育課程を編成している高等部もあります。

## （2）肢体不自由特別支援学校の特徴

　在学する児童生徒の障害で最も多い割合を占めるのは、脳性まひなどの脳原性疾患です。肢体不自由だけでなく、さまざまな程度の知的障害も併せ有する重複障害児者が多く在籍しており、視覚障害や聴覚障害といった感覚面の配慮を要する児童生徒も学んでいます。さらに、人口呼吸器、胃ろう注入、吸引といった**医療的ケア**が必要である児童生徒もいるため、医療との連携は必須です。障害によって咀嚼や嚥下に困難のある児童生徒も少なくありません。そこで給食にも配慮がなされ、普通食のほかにペースト状の「初期食」、軟らかく煮たものをミキサーにかけた「中期食」、さらに形が残る「後期食」などの**形態食**が調理され、子どもの状態に合わせて提供されています。口から食事を摂るのではなく、チューブから直接胃や腸に注入する経管で栄養を摂っている児童生徒もいます。なお、肢体不自由はあっても、認知的発達は標準的な年齢水準の在籍児者もいるため、児童生徒に合った学習ができるように**複数の教育課程**が用意されています（178〜179ページ参照）。

　知的障害特別支援学校も同様ですが、授業終了後は、スクールバスなどで下校します。近年、**放課後等デイサービス**（障害のある児童生徒が放課後や夏休みなどの長期休暇中に利用できる、生活能力向上のための療育や居場所の機能を備えた福祉サービス）を利用している児童生徒が増えています。家庭ごとに契約している事業所の送迎車が学校まで迎えに来る、というのも授業後に見られる光景です。

## （3）特別支援学校における教育課程

　学校は、どこでも一定の水準や内容の教育が受けられるように、文部科学省が定めた**学習指導要領**（幼稚部は**教育要領**）にもとづいて**教育課程**を編成しています。学習指導要領では、小・中学部、高等部ごとに、それぞれの教科等の目標や大まかな教育内容を定めています。しかし、学習指導要領は授業の内容や教材を細かく指定しているわけではなく、各学校や教員は、常に児童生徒一人ひとりの実態に合い、興味関心に沿った授業づくりに努めています。

　特別支援学校の小学部を例にとると（**図Ⅲ-2**）、教育課程は各教科、特別の

教科道徳、特別活動、自立活動から成り立っています。

図Ⅲ-2　小学部の教育課程

①**各教科**：　小学部では6つの教科で構成されています。各教科の内容は学年別ではなく、小学部は3段階、中学部は1段階で示されています。これは、同学年でも知的発達の水準に大きいため、一人ひとりの実態などに照らして各教科の内容を柔軟に選択しやすくしているためです。

②**特別活動**：　**特別活動**では、学級活動などへの参加を通して積極的な態度を養い、社会性や豊かな人間性を育むことが期待されています。通常の学校では学級活動、児童会活動、クラブ活動、学校行事が該当しますが、特別支援学校では学校行事のほかに、日常的には「朝の会」や「帰りの会」、高等部のホームルームなどが該当します。

③**自立活動**：　特別支援学校では、学習上または生活上の困難を改善・克服するための領域として、**自立活動**が設定されています。学習指導要領によると、自立活動の目標は「個々の生徒が自立を目指し、障害に基づく種々の困難を主体的に改善・克服するために必要な知識、技能、態度及び習慣を養い、もって心身の調和的発達の基盤を培う」とされています。自立活動の内容は、「健康の保持」「心理的な安定」「人間関係の形成」「環境の把握」「身体の動き」

「コミュニケーション」の6つの区分から構成されており、**表Ⅲ-1** に示す通り、各区分につき3~5項目の具体的内容が挙げられています。これらの内容は全ての児童生徒に一律に適用するのではなく、一人ひとりの発達段階や障害の実態に応じて、適宜、選択して指導を行ないます。例えば、ある自閉スペクトラム症の児童は、生活習慣が安定しておらず、集団参加への不安が強く、音声言語によるコミュニケーションが困難であるとします。その児童には、「健康の保持」「心理的な安定」「人間関係の形成」「コミュニケーション」の4つの区分において重点的な指導が求められるでしょう。

　なお、自立活動は、そのために設けられた授業時間のなかだけで指導されるのでなく、各教科等の指導においても、その児童生徒に設定された自立活動の内容と密接な関係を図ることが求められています。

## （4）各教科等を合わせた指導

　特別支援学校の教育課程においては、**各教科、道徳、特別活動、自立活動の全部または一部を合わせて授業を行なう**ことができるように柔軟な規定がなされています。知的障害のある児童生徒の場合、単に机上で学ぶだけでは身につきにくい知識や技能も、より実際的・具体的な活動を経験することで習得しやすくなると考えられます。また、成功体験を積み重ねることによって、主体的に活動に取り組む意欲を育てることもできるでしょう。そのような各教科等を合わせた指導の例として、「**日常生活の指導**」「**遊びの指導**」「**生活単元学習**」「**作業学習**」があります。また、東京都立特別支援学校（知的障害）小学部・中学部の「自閉症の教育課程」は、「社会性の学習」も設けています。

　①**日常生活の指導**：　登校時の靴の履き替え、荷物の整理やトイレ（排せつ）、給食後の片付けや歯みがき、下校前の荷物の整理などは、毎日反復して行なうことにより身についていきます。これらの時間帯は「日常生活の指導」の時間枠として扱われ、指導時間に位置づけられます。

　②**遊びの指導**：　遊びには、積み木や紙、粘土といった素材を使った工作や、水遊び、固定遊具を使った自由遊び、小集団でのごっこ遊びや劇遊び、いす取りゲームなどルール性のある遊びなどがあります。遊びを学習活動の中心

表Ⅲ-1　自立活動の 6 区分と 27 項目

1　健康の保持
　(1)　生活のリズムや生活習慣の形成に関すること。
　(2)　病気の状態の理解と生活管理に関すること。
　(3)　身体各部の状態の理解と養護に関すること。
　(4)　障害の特性の理解と生活環境の調整に関すること。
　(5)　健康状態の維持・改善に関すること。
2　心理的な安定
　(1)　情緒の安定に関すること。
　(2)　状況の理解と変化への対応に関すること。
　(3)　障害による学習上又は生活上の困難を改善・克服する意欲に関すること。
3　人間関係の形成
　(1)　他者とのかかわりの基礎に関すること。
　(2)　他者の意図や感情の理解に関すること。
　(3)　自己の理解と行動の調整に関すること。
　(4)　集団への参加の基礎に関すること。
4　環境の把握
　(1)　保有する感覚の活用に関すること。
　(2)　感覚や認知の特性についての理解と対応に関すること。
　(3)　感覚の補助及び代行手段の活用に関すること。
　(4)　感覚を総合的に活用した周囲の状況についての把握と状況に応じた行動に関すること。
　(5)　認知や行動の手掛かりとなる概念の形成に関すること。
5　身体の動き
　(1)　姿勢と運動・動作の基本的技能に関すること。
　(2)　姿勢保持と運動・動作の補助的手段の活用に関すること。
　(3)　日常生活に必要な基本動作に関すること。
　(4)　身体の移動能力に関すること。
　(5)　作業に必要な動作と円滑な遂行に関すること。
6　コミュニケーション
　(1)　コミュニケーションの基礎的能力に関すること。
　(2)　言語の受容と表出に関すること。
　(3)　言語の形成と活用に関すること。
　(4)　コミュニケーション手段の選択と活用に関すること。
　(5)　状況に応じたコミュニケーションに関すること。

に据えて、身体運動を活発にし、仲間とのかかわりを経験し、意欲的に参加する態度を育むことで、運動、感覚、認知、社会性など多面的に、心身の発達を促します。

　③生活単元学習：　学級で調理の活動を行なう場合、材料は何を用意したらよいか、どこで買ったらよいか、予算内に収めるにはどうするか、どのような手順で調理するかなど、多くのことを考えなければなりません。このように生活単元学習では、実際的な活動を通して、多様な内容を関連づけながら学びます。実際に買い物に出かけたり、お金の計算をしたり、調理をしたりする活動も含まれます。また、出来上がった料理を仲間と食べるという見通しも、活動の意欲を高めます。中学部では、カフェやお店を開くという、就労につながる展開も設定できるでしょう。このように生活単元学習は、生活や学校行事、季節の行事、社会的活動などに即した目標を設定し、その遂行にかかわる一連の課題を他者と協力して解決したり、手順を実際に経験したりすることによって、将来の自立につながる知識や技能などを実践的・体系的に学習するものです。

　④作業学習：　小学部から中学部、さらに高等部に上がるにつれ、自立に向けた総合的な力を育むことに重きが置かれるようになります。作業学習では、必要な知識や技能の習得が目指されるだけでなく、予期せぬ問題の解決に向き合って考えること、計画性をもって行動すること、集団のなかで協調性をもって他者とかかわることなどが目指されます、職場において重視される「ほうれんそう」(報告・連絡・相談)の習慣も活動を通して身につけていきます。作業の遂行にあたっては、教科としての「職業」「家庭」の内容だけでなく、各教科等の内容も含まれてきます。知的障害特別支援学校における具体的な作業活動の種類は、園芸、調理、木工などのほか、卒後の就労にも直接つながる、紙のリサイクル、清掃・クリーニング、接客、食品加工(製パンなど)も取り入れられるようになってきています。

## (5) 肢体不自由特別支援学校における教育課程

　肢体不自由特別支援学校で学ぶ児童生徒には、共通して運動面の困難がありますが、知的発達水準については、通常の学校で学ぶ児童生徒と同程度から、

重度の遅れまで、幅広い在校生がいます。したがって、肢体不自由特別支援学校においては、「準ずる教育課程」「知的障害を併せ有する児童生徒の教育課程」「自立活動を主とした教育課程」の3種類の教育課程が編成されています。「準ずる教育課程」の「準ずる」とは、「同様の扱いを行う」という意味であり、教科書に沿って、通常の学校の学年相応の各教科等の内容が教えられます。障害の状態により自立活動などの内容が取り入れられたり、各教科の目標や内容に変更を加えたりすることができます。肢体不自由特別支援学校以外でも、盲学校、聾学校や病弱特別支援学校の普通学級を中心に、「準ずる」教育課程が編成・実施されています。

　「知的障害を併せ有する児童生徒の教育課程」は、知的障害特別支援学校の各教科等の目標及び内容の一部に沿って編成します。肢体不自由と知的障害が重度で、各教科の学習が著しく困難な児童生徒には、自立活動の内容を主として学習する「自立活動を主とした教育課程」が編成されます。

---

### コラム1　特別支援学校で働く ST の仕事

　埼玉県にある知的障害特別支援学校で、特別非常勤講師として働いています。学校ごとに働き方は若干異りますが、私がかかわっている学校での仕事を、一例として紹介します。

　当校は小学部と中学部で構成されているため、小学部低学年（1〜3年生）、高学年（4〜6年生）、中学部に、学期に1度ずつ、年間9回（1回5時間　計45時間）勤務しています。出勤したらまず、事務室で出勤簿に押印し当日の給食費を払い、荷物はロッカーに入れます。ST 用の机はないので、水筒や筆記用具やバインダーなどは、すぐに出し入れできるトートバックに入れて持ち歩きます。学校と ST の間をつないでくれるのは、自立支援部と呼ばれる部に所属する特別支援教育コーディネーターの先生です。事前に相談したい児童生徒の「現状の実態（担任の見立て）」「困っていること・相談したいこと」を教えてくれるので、その内容を確認してから、1日に3〜4人の児童生徒と会います。例えばある日は、午前中の国語算数の時間にAさん、生活単元学習でBさん、給食は摂食の観察を兼ねてCさんと一緒に教室で食べ、その後の歯磨き、掃除、自由時間、自立活動の時間にかけて

Dさんに会いました。今では、児童生徒の相談内容に合わせて適切な授業や給食などの場面に入りますが、学校の仕事を始めたころは「発音が不明瞭だからアドバイスがほしい」と依頼された児童の観察に行ったところ、プールの時間だったということも何度かありました。真夏の暑いプールサイドで楽しそうな歓声を聞きながら、これは私（ST）が学校の時間割やカリキュラムを把握できていなかったことに加えて、学校側にも ST がどのような場面で何を知りたいかということがきちんと伝わっていなかったことを痛感しました。そこで教員全体に向けた研修会で、ST の職域やことばの育ちについてお話する機会をいただきました。この機会を通して、教員が一番知りたいのは「すぐに役立つ具体的な教材や支援方法」であることも知り、その後は改めてコーディネーターの先生と相談し、対象児に合わせてST が介入する時間や授業内容を調整していただくことで、適切な働き方が可能になっていきました。

　具体的には、それぞれの児童生徒に割り当てられた時間に、子どものことばやコミュニケーション、先生の声かけの様子や教室の環境などを観察・評価すること（観察アセスメント）が多く、時々、別室で検査を通して児童生徒の今もっている力の評価（直接アセスメント）も行なっています。加えて、休み時間やちょっとした空き時間に、子どもや先生と雑談を通してやりとりをします。何気ない会話から教員が子どもをどのように捉えているかがわかったり、子ども同士のコミュニケーションの取り方、好きなこと、生活リズム、家族背景など、その子をより理解するための手がかりを得ることがあります。雑談は、第 2 のカンファレンスです。そして下校後に、アセスメントから得た情報を整理して、これからどんな力がつくとその子は生きやすくなるだろうか、そのためにはどのような目標を立てるか、担任の先生はどんな取り組みができそうか、などをその子にかかわる先生と一緒に考えます。さらに次の学期に会う際には、また事前に担任から「やってみたこと」「うまくいったこと」「うまくいかなかったこと」「うまくいかなかった理由として考えられること」をまとめてもらい、それを参考に再度プランの継続や修正を検討しています。

　短時間で効果的に ST を活用してもらえるように、同じような困りごとや相談事があれば、学校全体へのフィードバックとして年末に事例検討を行なうなど、コーディネーターの先生と相談しながら、少しずつ工夫を続けることも、学校で働くST の仕事です。

## 3）通常の小・中学校における支援の場

### （1）特別支援学級

　これまで特別支援学校について見てきましたが、通常の小学校や中学校でも特別な支援ニーズのある児童生徒が学んでいます。特別支援学級は、小・中学校に障害の種別ごとに置かれる少人数の学級であり、対象とする障害種は、知的障害、肢体不自由、病弱・身体虚弱、弱視、難聴、言語障害、自閉症・情緒障害です。ほとんどの学級で知的障害の児童生徒と自閉スペクトラム症の児童生徒が多数を占め、地域によっては、障害特性によって学級が分けられています。1学級に8人を上限としており、全体の人数に応じて学級数と担当教員数が変わります。特別支援学級の教育課程は、基本的には小・中学校の学習指導要領に基づいて編成されますが、必要に応じて、特別支援学校の学習指導要領を参考にした特別の教育課程を編成することもできます。

### （2）通級による指導

　一人ひとりの支援ニーズに合わせた配慮は通常の学級でも行なわれています。文部科学省が平成24年12月に公表した「通常の学級に在籍する発達障害の可能性のある特別な教育的支援を必要とする児童生徒に関する調査結果について」によれば、**知的発達に遅れはないものの学習面又は行動面で著しい困難を示す発達障害の可能性のある特別な教育的支援を必要とする、通常の学級で学ぶ児童生徒**は、小・中学校全体で **6.5％**在籍しているという結果が示されています。このような児童生徒の一部は**通級による指導**を受けています。通級による指導は、教科などの大部分の授業は在籍する通常の学級で行ないながら、一部の時間で、障害に応じた特別の指導を受けるものです。構音障害や吃音、言語発達の遅れなどの言語障害を対象とする通級の指導の場は「**ことばの教室**」と一般的に呼ばれています。ことばの教室を利用する児童のなかには、読み書きの困難や対人コミュニケーションにも課題のある子どももいますが、地域によっては、学習障害や自閉スペクトラム症などの可能性のある児童生徒を中心に想定した通級指導の場も設けられています。設置されている通級指導

182

の場の種類や数、通級による指導を受けることのできる基準は、地域ごとに異なります。例えば東京都では、各小学校に「**特別支援教室**」を設置し、社会性や集団参加、学習面などに課題のある児童が通級による支援を受ける制度を発足させています。

## 4）学校内の組織と運営

　教育現場と連携を取ったり、学校のなかに入って支援を行なったりする際には、連絡を取り合っている教員が教員組織のなかでどのような立場の人であるのかを理解しておくと、情報伝達や依頼がスムーズに行きます。そこで、学校内の組織と運営について概要を説明します。

### （1）教員の組織
　学校は、校長を頂点とする教職員の組織であり、さまざまな職種があります。基本的な職種としては、**校長**の下に、**副校長、教頭、主幹教諭、指導教諭、教諭**といった階層が置かれていますが、地域によって構成や名称が異なります。例えば東京都では、校長、副校長、主幹教諭（校長・副校長の補佐機能をもつとともに校長・副校長と主任教諭との間で調整的役割を担う）、指導教諭（高い専門性と優れた教科指導力を有し、指導技術の向上を担う）、主任教諭（主幹教諭の補佐であるとともに同僚や若手職員への助言・支援などを行なう、東京都教育委員会独自の職）、教諭といった職務があります。このほかに、養護教諭や非常勤講師などがいます。

### （2）校務分掌
　学校内におけるさまざまな業務を分担する部や委員会などの**校務分掌**があります。学校ごとに役割や名称が異なりますが、**部**としては教育課程の編成・管理などを行なう教務部、予算の立案・執行管理などを行なう庶務部、全校研修や研究の立案などを行なう研究部、児童生徒の生活指導にかかわる生活指導部、生徒の進路の選択や進路希望の実現を図る進路指導部などがあります。それぞれの部のなかを統括する主任や、学部全体を取りまとめる学部主任、学年

ごとの教員を取りまとめる学年主任も設けられます。さらに、必要に応じてさまざまな案件を話し合う**委員会**が設置されます。例えば、児童生徒や学校の安全にかかわる校内安全委員会、図書の整備にかかわる図書委員会、教職員の健康管理などにかかわる安全衛生委員会などです。このように、教員は授業以外にも多様な校務分掌があるため、児童生徒が下校した後も、記録の作成や次の授業の準備、保護者対応だけでなく、さまざまな会議が組まれていて、時間の制約から外部との連携が取りにくいという実態があります。

## （3）特別支援教育コーディネーター

　各学校は、上記の役割のほかに、**特別支援教育コーディネーター**を置くことが定められています。現在の特別支援学校は、在籍する児童生徒の教育を行なうだけでなく、近隣の小中学校をサポートし、地域の障害のある児童生徒に適切な支援を提供するという**センター的機能**を担うことが求められています。特別支援教育コーディネーターは、地域の小中学校や福祉・医療・労働などの各機関との連絡役となるだけでなく、校内の児童生徒のニーズに応える連絡調整などを行なったりします。なお、特別支援教育コーディネーターは、特別支援学校だけでなく、通常の小学校、中学校、高等学校などでも指名されることになっています。また、特別支援教育コーディネーターは、担任や養護教諭などの職務と**兼任**している場合や、担任などは行なわない**専任**の特別支援教育コーディネーターを配置している学校もあります。

## 5）学校現場での近年の動向

　学校では、**合理的配慮**という用語が浸透しています。これは 2006 年に国連総会で採択され、日本が 2014 年に批准した「**障害者の権利に関する条約**」にもとづく理念です。この条約は、障害者の人権および基本的自由の享有を確保し、障害者の固有の尊厳の尊重を促進することを目的として、障害者の権利の実現のための措置などについて定めています。障害のある人も人格、才能・創造力、精神的・身体的な能力をその可能な最大限度まで発達させる権利を有しています。合理的配慮は、「障害のある子どもが、他の子どもと平等に『**教育**

を受ける権利』を享有・行使することを確保するために、学校の設置者及び学校が必要かつ適当な変更・調整を行うことであり、障害のある子どもに対し、その状況に応じて、学校教育を受ける場合に個別に必要とされるもの」と文部科学省は定義づけています。学校側は、障害のある子どもの状況に応じて、設備を含む環境や指導目標、指導内容、教材などについて、過度の負担にならない範囲で変更や調整といった対応を行うことが求められています。基本的な教育環境の整備は基礎的環境整備と呼ばれ、その上に合理的配慮が行なわれます。

　合理的配慮や基礎的環境整備は特別支援学校だけでなく、全ての学校に求められています。特別支援学校は障害のある児童生徒のための学校なので、従来から十分な配慮がなされていると考えられますが、通常の学校でも学習障害として現れる認知のアンバランスさや、聴覚障害など、多様なニーズのある児童生徒が在校しています。どのような形の合理的配慮が望ましいのかについて、今後も検討を重ねていく必要があります。

## 6）個別の教育支援計画と個別の指導計画

　「個別の教育支援計画」と「個別の指導計画」は、児童生徒一人ひとりの実態に応じた適切な支援を提供する際の重要な柱となっています。

　個別の教育支援計画は、在学中から卒後へのスムーズな移行を視野に入れ、学校と家庭・保健・医療・福祉・労働・地域などの関係機関と連携を図りながら、長期的な視点で教育的支援を行なうことを目指す計画書です。支援ニーズのある児童生徒は学校だけ、あるいは家族だけが支えているのではなく、卒後も地域で生活するにあたり、さまざまな関係機関と協力した支援が必要です。卒業後まで見通した一貫した支援を進めるための計画となります。関係機関との連携協力には担任だけでなく特別支援教育コーディネーターも重要な役割を果たします。

　一方、個別の指導計画は、一人ひとりの教育的ニーズに対応して、指導目標や指導内容、方法を盛り込んだ計画書です。ここには、児童生徒の困難の状態や、興味・関心、生活や学習環境などの実態を反映させます。発達のアセスメ

ントやこれまでの学習状況、行動の特徴などにもとづく実態を踏まえて、長期
的および短期的な観点から指導目標を設定します。目標の設定にあたっては、
本人の希望や、家族の願いも反映させていきます。外部専門家などの意見や助
言も参考にされるでしょう。それらの目標の到達に向けて、児童生徒が興味を
もって主体的に取り組み、達成感を味わうことができるとともに、効率的に習
得することができるような指導内容を立案します。**短期目標の到達からより長
期的な目標に導く、段階的な指導の積み上げを計画します**。また、各教科や自
立活動などが相互に密接な関連を保つようにし、計画的・組織的に指導が行な
われるように工夫をしていきます。なお、児童生徒本人が変わることだけを求
めるのではなく、**周囲の大人のかかわり方を含めた、児童生徒を取り巻く生
活・学習環境を変えていく**という視点も重要です。

　個別の教育支援計画や個別の指導計画は固定的なものではありません。
PDCA サイクル（Plan-Do-Check-Action の連環）にもとづいて、児童生徒の
到達度や、指導への取り組みの様子などから、**定期的に計画の見直しを図って
いきます**。児童生徒の成長とともに、必要に応じて自らが周囲の人に支援を求
めたり、自立や将来の社会参加に向けて、自己選択・自己決定する機会を設け
たりするような指導内容を取り上げることも重要です。

#  学校における外部専門家としての役割

## 1）外部専門家として期待されること

　学校の教員は、日々の授業内容を立案して授業を行なうだけでなく、日常生
活面の全般に気を配り、余暇活動の支援や保護者との連携を行なうなど職務は
多岐に渡ります。したがって教員の目は児童生徒の学習の様子に加え、個性や
生活の様子、仲間関係、家庭の様子などに幅広く向けられ、人としての全体像
を捉えます。一方、外部専門家は、限られた時間で、特定の発達領域について
実態や、生活や学習の改善につながる情報を探ります。専門分野に偏り過ぎ
ず、幅広く得られた情報を統合して、子どもの困難の本質を捉え、的確な支援

の方策を提言できるかどうかが鍵となります。教員の捉えと外部専門家の見立てが補い合いながら子どもの全体像とニーズに迫ります。

外部専門家には**表Ⅲ-2**に示すような点が期待されています。

**表Ⅲ-2　外部専門家に期待されること**

> (1) 生活や学習文脈における行動・学習面の観察からの知見の整理
> (2) 個別的なアセスメントの実施
> (3) 障害等に関する専門的な知見の提供
> (4) 指導法や教材、生活・授業環境、ことばかけなどに関する助言
> (5) 保護者への助言

なお、専門性の高さ以前に、教員と外部専門家それぞれの専門性と立場を尊重する、**良好な人間関係と相互の信頼関係を築くことができる人間性**が前提となるのは言うまでもありません。

---

### コラム2　教員との連携

「子どもの強み（長所）に注目して伸ばす」という考え方は、特に子どもの支援に携わる人には耳なじみがあると思います。しかし実は、子どもだけでなく、大人にも当てはまるのではないかと思っています。

学校の先生は、日々さまざまなタイプの子どもたちと、その場に合ったその子へのかかわりを無意識に展開しています。もし不適切なかかわりをした場合は、子どもの不適切な反応として表れるため気づきやすく話題になるのですが、適切なかかわりをした場合は、自然な流れのなかで見過ごされてしまいます。自然で穏やかな状況は、先生の良好なかかわりの結果であると気づかないままで過ごしていることが多いのです。

学校の教員と連携する際に、意識して行なっていることのひとつは、先生の良いところは必ずその日のうちに直接フィードバックすることです。例えば、Zくんが出した小さい「手伝って」のサインをすぐくみ取って応じてくれたこと、トイレの報告ができるように写真カードを用意していたこと、今やってほしいことをXくんの注目を引いてから声かけをしていたことなど、細かい支援があります。また、

クラスの明るい雰囲気づくりがうまい先生や、見通しの示し方が上手で安定感のある流れを作ることに長けている先生、子どもを引きつける教材作りが素晴らしい先生など、それぞれの教員の持ち味があります。先生が当たり前のようにしていることを言語化することで、見過ごされていた適切な支援を今後も意識してもらうとともに、他の教員の気づきを促す機会にもなります。そして何より、子どもを支える先生に元気になってもらいたいという気持ちもあります。元気になれば、さらにどんな支援やかかわり方があるのかを知ろう、取り入れよう、という気持ちも引き出しやすくなるように思います。

　ST は、子どもの言語理解力、発信力、コミュニケーションの力などを段階的に捉え、今後の目標とプログラムを考えるお手伝いができます。そういった ST をはじめとした外部専門家の「強み」を、先生に知ってもらうことも大切なことでしょう。ただし、あくまでも学校教育の主体は教員です。専門家が「この支援を取り入れるべきだ」と一方的にお願いしても、主体である教員が「なるほど、これは効果がありそうだ」「やってみよう」と思えなければ意味がありません。

　私が考える外部専門家としての ST の役割は、担任の PDCA（Plan-Do-Check-Action）サイクルがうまく循環するように具体的なアドバイスをする潤滑油のようなイメージです。潤滑油は一度だけでは不十分なので、年に 3〜4 回（学期に 1〜2 回）は同じ児童生徒に会い、プランの継続や修正を検討していきます。個々の子どもを見ることと同時に、先生の強みを知り、「できそう」と思えるスタートを具体的に提案することも役割なのではないかと思っています。

　学校の教員の仕事は多岐に渡り多忙を極めています。そのなかで、子どもの様子を把握し、外部専門家を迎え入れるために必要な資料を用意し、アドバイスを取り入れてプランを見直し、実践している先生の姿には、いつも頭が下がる思いです。

　外部専門家が、時々外から入ってくる異質な存在ではなく、子どものことや教育のことを一緒に考えられる仲間になるには、お互いのことを知り、尊重し「協働」する姿勢が大切です。少しでも良質な潤滑油として役に立つために、専門職としての研鑽を積むことはもちろん、学校の先生方から子どものこと、教育のことなどたくさんのことを教えていただきながら、支援を一緒に考えていける仲間でありたいと願っています。

## 2）行動・学習面の観察からの知見の整理

　アセスメントとは、検査の実施に限定されるのではなく、観察、聞き取り、面接などを通して、a）多様な角度から支援ニーズのある児童生徒の情報を収集し、b）結果を相互に関連づけながら、c）子どもの困難や実態の背景について洞察を加え、d）支援に結びつく情報を提供する、一連のプロセスを指します。

　また、観察の対象は、児童生徒本人だけではありません。行動は生活や人とのかかわりの文脈に影響され、学習の様子は学習内容や教材、教示のされ方などに左右されるため、子どもだけを見るのではなく、学習の環境や活動の流れも併せて観察します。したがって、観察の対象は、「児童生徒の行動や学習の様子」「学びの環境」「大人のことばかけの仕方」という３つの側面になります。本節では、それぞれについて、観察にあたっての具体的な観点を例示します。

### （1）児童生徒の行動や学習の様子

　行動面の評価では、自然な場面における様子について、発達領域を踏まえながら観察し、記録していきます（表Ⅲ-3）。

表Ⅲ-3　児童生徒の観察をする際の観点の例

| 仲間や大人との<br>コミュニケー<br>ション | ▶仲間や大人に働きかける頻度はどの程度か（自発性）<br>▶一方的なかかわりになっていないか、双方向的なやりとりになっ<br>ているか（双方向性） |
|---|---|
| 情緒・社会性 | ▶表情から読み取れる、仲間や大人との共感はどの程度か（共感性）<br>▶相手に合わせて協調・協力できているか（協調性） |
| 認知発達・学習<br>の水準 | ▶どのような事物に興味・関心を示すか（興味・関心）<br>▶物に手を伸ばして探ったり操作したりするか（探索行動）<br>▶どのような課題にどの程度の意欲を示すか（課題への意欲）<br>▶どのような課題にどの程度の正確さで取り組むことができるか<br>（達成水準） |
| 状況理解や<br>ことばかけの<br>理解の程度 | ▶状況に合った行動や表出になっているか（状況理解）<br>▶言語的指示やことばかけに沿った行動や表出になっているか（言<br>語理解）<br>▶大人からのどのような言語指示や語りかけに応じてくれるか（環<br>境調整のヒント） |
| 伝達レパート<br>リーの豊富さ | ▶<u>非言語的コミュニケーション</u>：　次のような表現はどの程度使わ<br>れているか、どの程度効果的に使われているか<br>視線、表情、物の提示、物の受け渡し、手さし・指さし、身ぶり<br>（「バイバイ」など）、接近、発声、絵図版や写真などを介した表<br>現など<br>▶<u>言語的コミュニケーション</u>：　以下の言語領域ごとの特徴はどう<br>か、また、全体として伝わりやすい表現になっているか<br>語彙の豊富さ、語連鎖や統語（文法）面の複雑さ、複数の文のつ<br>ながりによる語り、他者との会話の連続したやりとり（談話・<br>ディスコース） |
| 表現の機能・<br>内容の豊富さ・<br>適切さ | ▶上の「伝達レパートリー」はどのような機能や意味内容をもって<br>いるか：要求（「やって」）、叙述（「ほら見て」）、拒否、あいさ<br>つ、誘い（「やろうよ」）など |
| 運動・感覚面の<br>特性 | ▶姿勢・粗大運動・微細運動・視線の動き・目と手の協応などにど<br>のような特徴が見られるか<br>▶視覚・聴覚・触覚などの過敏性や鈍さなどは認められるか |

## （2）学びの環境

　環境の評価では、大人が子どもに分かりやすい環境を提供し、適切にかかわっているかを評価します（表Ⅲ-4）。

表Ⅲ-4　学びの環境を観察する際の観点の例

| 生活・学びの環境 | ▶落ち着いて学習に集中することができるように、環境は整えられているか（物理的環境）<br>▶教師や教材に注目しやすいか（注目）<br>▶適切な姿勢が保持されているか（姿勢）<br>▶活動の見通しがもてるように工夫されているか（見通し） |
|---|---|
| 指導や課題の目標 | ▶指導は積み上げ式になっているか（系統性）<br>▶日常生活に生かされる目標設定・内容になっているか（合理性）<br>▶取り組む課題における教師の意図や指示は明確に伝わっているか（課題内容の理解） |
| 教材・課題 | ▶教材は子どもの注意や興味・関心を引きやすく、「やってみたい」と思える教材になっているか（注意、興味・関心）<br>▶教材は子どもの認知の発達水準に合っているか（内容の複雑さ）<br>▶教材の提示や遂行に十分な時間を与えるなど、提示方法は適切か（提示方法） |
| 学びの経験 | ▶視覚・聴覚・触覚などを生かす多感覚的な経験になっているか（多感覚性）<br>▶選択肢の提示など、自発的な表現の支えが必要に応じて提供されているか（自発性）<br>▶子ども同士のかかわりの場面も用意されているか（対人関係） |

## （3）大人のことばかけの仕方

　ことばかけの仕方の評価では、表Ⅲ-5 に挙げたような観点に沿って、言語入力に配慮がなされているかを評価します。

表Ⅲ-5　ことばかけの適切さを観察する際の観点の例

| 言語発達水準に沿ったことばかけ | ▶語彙は難しすぎないか<br>▶文は文法的に複雑すぎないか |
|---|---|
| 語りかけのタイミングや量 | ▶話速は速すぎないか<br>▶子どもが応じるための十分な「間」をおいているか<br>▶大人が一方的に話し続けていないか |
| 理解を促す環境 | ▶図版や物の提示、身ぶりなど、非言語的な情報も添えているか<br>▶選択肢の提示など視覚的支援を行なっているか<br>▶わかりやすい活動の流れを提供しているか |
| 子どもの興味・関心に沿った活動 | ▶子どもの興味・関心をひく遊具や活動、テーマを用意しているか |
| 情動の要素 | ▶大人は情動豊かにかかわっているか |
| 子どもが承認される環境 | ▶（大人が同意するかは別として）子どもの意思を承認・尊重しているか |
| 適切なフィードバック | ▶子どもの表情や身ぶりを含めた表出をよく観察しているか<br>▶子どもからの表出に適切なタイミングや方法（応答・模倣・拡張模倣など）で応じているか<br>▶大人主導になりすぎていないか<br>▶子どもが達成したことの量や正確さを重視し過ぎず、努力している過程を認めてフィードバックを与えているか |

## 3）個別的なアセスメントの実施

　発達状況の評価では、観察で把握しきれなかった側面を探り、観察で気づいたことの裏づけを得るために、言語や認知等の実態を客観的に把握します。標準化された言語アセスメント（LCスケール、絵画語い発達検査PVT-R、LCSAなど）や知的発達全般を評価する知能検査（田中・ビネー知能検査Ⅴ）、認知発達を領域別に評価する検査（WPPSI-Ⅲ知能検査、WISC-Ⅳ・WISC-Ⅴ知能検査、KABC-Ⅱなど）を実施する場合、検査結果のみを安直に教員や保護者に示すことで誤解を与えないように注意しなければなりません。検査結果を児童生徒の生活や行動、学習の実態と照らし合わせて、困難の背景要因について洞察

を加えます。検査に客観性や信頼性があるからといって検査結果が優先するわけではなく、子どもの実態を理解するための補完的な情報に過ぎないことを理解しましょう。なお、適切な解釈をともなう結果を共有するために、報告書を作成したり、ケース会議につなげる可能性を探ったりすることも必要です。

## 4）障害等に関する専門的な知見の提供

「構音障害」とはどのようなものか、「音韻意識」とは何か、「言語発達」はどのような過程をたどるのか、といった知識を外部専門家が十分にもっていても、それを相手に分かりやすく伝えることには慣れと経験が必要です。専門的な知見は相手に納得してもらえてはじめて役に立ちます。分かりやすい説明にはどのような工夫が求められるかを日頃から考えましょう。

## 5）指導法や教材、生活・授業環境等に関する助言

先の表Ⅲ-3～Ⅲ-5では、「～ているか」という問い立ての仕方で観察の観点を挙げました。「している」「なっている」という肯定的評価が望ましい状況を示しますが、そうでない点については肯定的な評価となるように環境や指導者のかかわり方を助言していきます。

授業者は、時に計画通りに活動や授業を進めることに気を取られ過ぎてしまうことがあります。子どもの行動や実態、困難の背景にはどのような要因があるのかを洞察し、子どもの**内面に寄り添った環境改善の方策**を提案します。例えば、知的障害のある児童の学級における授業のなかで、教師からの課題の促しに対して子どもが「拒否」の態度を示す場面があったとします。**表Ⅲ-6**に示すように、拒否的行動の背景にはいくつもの要因が考えられます。観察者は、単に拒否的行動があったことを記録するだけでなく、前後の状況や子どもの表情、教師の対応などを観察し、その行動の背景について洞察を加え、課題や教師の対応などへの改善策を提案します。なお、観察者の洞察もあくまでも「仮説」に過ぎません。自分の解釈自体が間違っている可能性も念頭に置き、自分の考えを他者に押しつけず、教師の考えに耳を傾けることも重要です。

表Ⅲ-6　課題場面において教師からの促しに対して子どもが拒否的行動を示した場合に考えられる理由と対応策

| 拒否的行動を生じる要因の可能性 | | 対応策 |
|---|---|---|
| ・体調がすぐれない。 | → | ▶体調の回復を優先する。 |
| ・初めての課題であり、できるかどうかわからず不安である。<br>・前に失敗体験があるのでやりたくない。 | → | ▶過去に取り組んだことがあり、自信のある課題と織りまぜる。 |
| ・求められている水準が高すぎる。<br>・求められている水準が低すぎて、達成感が得られない。 | → | ▶わずかに難しいレベルの課題とする。 |
| ・分量が多すぎる。 | → | ▶分量を減らす。 |
| ・課題や教材に興味がない。 | → | ▶興味をもてるテーマと関連させる。 |
| ・正しくできているか自分で判断できないため不安である。<br>・取り組んでも褒められたり認められたりしないので意欲がわかない。 | → | ▶こまめにフィードバックを与える。 |
| ・課題の後に何があるのか見通しがもてない。 | → | ▶課題を終了した後の流れを前もって説明する。 |
| ・課題を強いられている状況に対して不満がある。 | → | ▶2つの課題を用意して、いずれかを選択させる。 |
| ・感覚（視覚など）の特性と合わない（文字が小さすぎるなど）。 | → | ▶課題提示の方法を調整する。 |

## 6）通常学級で学ぶ児童の困難への対応例

　近年、外部専門家が通常の学級での助言を求められる機会も増えています。通常の学級では、ノートや原稿用紙を前にして、一向に作文の筆が進まない児童や、書いては消すを繰り返す児童をしばしば目にします。作文の困難の背景要因や支援仮説には**表Ⅲ-7**のようなことが考えられます。児童の様子から背景要因を洞察し、教師の授業の進め方を尊重しながら学級で取り入れてもらえるような手立てを提案していきます。

表Ⅲ-7　通常の学級における、作文に困難を示す児童の背景要因

| 背景となる困難 | 具体的な内容 | 対応策の例 |
|---|---|---|
| 注意集中 | ・周囲に気が散ったり、時間が気になったりして、作文に集中することがむずかしい。 | ▶着席の場所を調整する<br>▶作文の手順（①テーマの決定、②素材の想起と配列、③素材にもとづく文章化、など）の各段階に分けて取り組ませる。 |
| 書字<br>読み書きは<br>表Ⅲ-8参照 | ・拗音や促音・長音・撥音の表記や、漢字に熟達しておらず、文字を書く課題に負担感が大きい。 | ▶拗音を列挙した表を参照してよいこととする。<br>▶平仮名だけでよいことをあらかじめ伝えておく。<br>▶文字の表記や漢字の学習などは別途取り組む。 |
| テーマに沿った内容の想起 | ・経験や知識のなかからテーマに合ったことがらを思いつくことができない。 | ▶文章を書き始める前に、テーマから思いつく素材を単語で列挙する習慣をつける。 |
| テーマに沿った情報の選択と配列 | ・思いついたことを取捨選択したり、筋道に沿って並べ替えたりすることがむずかしい。 | ▶頭のなかで整理しようとせずに、思いついたことを付箋紙などに書き出し、配列し直してから書くようにする。 |
| 語想起 | ・適切な語彙を想起することがむずかしい。 | ▶キーワードに関連する語を想起する練習を別途行なう。 |
| 文法的な文構成 | ・文法的な文として構成することがむずかしい。 | ▶表現された内容を尊重しながら、文意が通る文を例示する。 |
| 文章の構成 | ・文章の書き出しや、段落分け、文章の締めくくりまでの流れを構成することがむずかしい。 | ▶書き出しの文を子どもと相談して決める。<br>▶接続助詞で一文を長く続けてしまう場合は、複数の文に区切るよう助言する。 |

| ルールに沿った表記 | ・句読点の使用やマス目・罫線に沿った書字などがむずかしい。 | → | ▶作文活動では、表記よりも内容を重視する。<br>▶困難の特徴に即した表記の学習に別途取り組む。 |
|---|---|---|---|
| 感想や自分の思いの言語化 | ・事実の列挙はできても感想や意見なども交えて書くことがむずかしい。 | → | ▶心の状態を表す心的語彙を広げる。<br>▶作文の内容に照らして、教師だったらどう思うかを例示してあげる。 |

　文字を書くこと自体に強い抵抗を感じている児童生徒もおり、その場合には表Ⅲ-8 に示すような背景要因が関与している可能性があります。

表Ⅲ-8　文字の読み書きにかかわる困難の背景要因

| 背景となる困難 | 具体的な内容 | | 対応策の例 |
|---|---|---|---|
| 文字の読みの困難 | ・文字を構成する線分の長さや角度などを捉えることがむずかしい（視知覚）。<br>・線分同士の位置関係（漢字の偏とつくりの関係など）を認識することがむずかしい（空間認知）。<br>・文字の形を覚えることがむずかしい（視覚性記憶）。 | → | ▶図形や漢字のパーツの認知や構成に焦点化した学習を行なう。<br>▶拡大した視覚教材を用いる。<br>▶視覚的に捉えるだけでなく、指でなぞって字形や位置関係を運動で体感する。 |
| | ・文字の形と読み方とのつながりを記憶することがむずかしい（視覚情報と聴覚情報の連合）。 | → | ▶仮名文字や漢字をカードに書き出して文字レベルで練習する。<br>▶仮名単語や漢字熟語を書き出して意味を結びつけて練習する。 |

| 文や文章の読みの困難 | ・文字のつながりを目で追うことがむずかしい（視線の動き）。<br>・文字の連続を語として認識し、文のなかに区切りを見つけることがむずかしい（語彙知識との照合）。 | → | ▶行ごとに定規を添えるなど、視線の動きを補助する。<br>▶視線の動きを高めるビジョントレーニングを行なう。<br>▶文節の区切りに印をつけてから読む。 |
|---|---|---|---|
| | ・前後関係を照合し、文単位で意味を理解することがむずかしい（ワーキングメモリー）。 | → | ▶含まれる語の意味を正しく理解しているか確認する。<br>▶一文を2回読んで意味を確認してから次の文に移行する。 |
| 文字の書きの困難 | ・姿勢を安定させて文字を書くことがむずかしい（姿勢の保持）。<br>・文字を構成する線（縦・横・斜め・曲線）を書くことがむずかしい（運筆）。<br>・視覚的イメージに沿って、線で形を構成することがむずかしい（線による形の構成）。<br>・文字の形を想起することがむずかしい（字形の想起）<br>・文字としての効率的な筆運び（書き順）を習得することがむずかしい（運動記憶）。 | → | ▶着席の姿勢を安定させる。<br>▶さまざまな線を書く練習をする（大きく→次第に小さく）。<br>▶画数の少ない漢字や、同じ偏やつくりを有する漢字を集めて練習する。<br>▶ホワイトボードや黒板に大きく書いたり空書きしたりする粗大運動で書き順を覚え、次第に筆先で小さく書くことに移行する。<br>▶「たて」「よこ」や擬音語など音声を添えて書く。 |

| | ・語を構成する音の単位を認識し、促音や長音、拗音などを書くことがむずかしい（音韻意識）。 | → | ▶音韻意識を高める練習を加える。 |
| 文の書きの困難 | ・音と文字の対応が特有である助詞「は」「を」「へ」などの使い方がむずかしい（文法的メタ言語）。<br>・句点・読点を正しく使うことがむずかしい（文構成のメタ言語）。 | → | ▶ルールをことばで説明して聞かせるだけでなく、子ども自身がルールを説明できるようにする。 |

　観察場面からうかがえる児童生徒の苦手さから、その根底にある要因に迫るには、想定されるむずかしさが実際に認められるかどうかを探るための課題（例えば関連語の想起や、運筆、漢字の書字、音韻意識だけを調べる課題）を用意して取り組んでもらい、その様子を観察します。あるいは、WISC-Ⅳ・WISC-Ⅴ知能検査の結果から聴覚的ワーキングメモリーや視覚認知の力を推測したり、LCSA の柔軟性や音韻意識の下位検査から語想起や音韻意識の発達水準を参照したりして、児童生徒の困難の背景を探り、支援仮説を立てていきます。

　文章のレベルでは、与えられたテーマに沿った題材を柔軟に想起する、付箋紙に想起した題材を書いていき、それらを並び直して作文の流れを構成する、「いつ」「どこで」といった 5W1H を意識しながら文章を書く、といった支援の方策が考えられます。学齢児の言語面への具体的な支援方法の例については大伴・林・橋本（2018）などを参照してください。

## 7）保護者への助言

　子どもにかかわる教師や保護者とのコミュニケーションにおいては、一方的に伝えるのではなく、保育者・教師などの経験や思いも尊重することが第一です。保護者と面接を始める際には、観察したときの子どもの様子や「明るいお子さんですね」といった子どもの性格、「積極的に伝えようとしますね」とい

うコミュニケーションの姿のポジティブな側面から印象を伝えます。慎重さの際立つ子どもについては、「まわりをよく見て考えることができていますね」など、子どもの姿を肯定的に受け止めて伝え、普段の様子などについて相手からの話を傾聴します。保護者に質問をする際には、「はい」「いいえ」で答えられる問い（Yes/No Question）ではなく、「家ではどんなお子さんですか？」といった幅広い回答を導く質問（Open Question）を心がけます。子どもの全体像や良いところを共有し、お互いの気持ちをほぐしてから、徐々に保護者が心配している点、観察していて気になる点などについて話題を移行していきます。あらかじめ質問が寄せられている場合など、求められている情報が限定されている場合でも、質問するに至った経緯について聞いてみると、背景がより詳しくわかります。それを踏まえて助言を行ない、「それについてどう思われますか？」と聞いてみましょう。一方的に伝えるのではなく、ことらの考えがどのように受け止められたのかを確認します。

　アセスメントの結果についても数値で伝えるのではなく、子どもの実態と照らし合わせて洞察した解釈もまじえて説明します。「助言」は役立ててもらうためのものなので、相手に受け入れてもらわなければ単に「報告」にしか過ぎません。また、「～がむずかしいですね」という否定的な表現よりも「～ができるようになるといいですね」と前向きなことばで伝えるよう留意します。

　親との個別的なかかわりでは適切に振る舞えても、子ども同士のグループや学級ではうまく自分を表現できないなど、家庭とは異なる様子を学校で示す子どももいます。学級では自分の思い通りのスケジュールで活動が進行するとは限らす、予期せぬ妨害や、自分の期待に反した他者からの働きかけもあります。家庭と学校場面のそれぞれの利点を伝え、少人数の集団場面で、臨機応変に対応する経験を積み重ねることも大事であることを理解してもらうようにします。

　過度な要求をすれば家庭での生活に全く反映されないこともあります。家庭での子どもとのかかわり方や親の生活スタイルも探りながら、助言の内容に折り合いをつけ、家庭で取り入れ実践してもらえる見通しのもてそうな内容を選択しながら伝えるよう心がけましょう。

**参考文献**
大伴潔・林安紀子・橋本創一（2018）アセスメントにもとづく学齢期の言語発達支援―LCSA
　を活用した指導の展開―. 学苑社.

# 著者紹介

**大伴　潔**（おおとも　きよし）【編集、第Ⅰ章、第Ⅲ章2〜3】
東京学芸大学特別支援教育・教育臨床サポートセンター教授、言語聴覚士

**綿野　香**（わたの　かおり）【編集、第Ⅱ章1、第Ⅲ章1】
言語聴覚士

**森岡　典子**（もりおか　のりこ）【編集、第Ⅱ章2】
東京都立村山特別支援学校教諭、言語聴覚士

**平野　千枝**（ひらの　ちえ）【コラム1〜2】
国立障害者リハビリテーションセンター、言語聴覚士

装丁　有泉武己

人とのかかわりで育つ
## 言語・コミュニケーションへのアプローチ
家庭・園・学校との連携　　　　　　　　　　©2021

2021年5月5日　初版第1刷発行
2022年4月20日　初版第2刷発行

編著者　大伴潔・綿野香・森岡典子
発行者　杉本哲也
発行所　株式会社　学苑社
東京都千代田区富士見2−10−2
電話　　03（3263）3817
FAX　　03（3263）2410
振替　　00100−7−177379
印刷・製本　藤原印刷株式会社

検印省略

ISBN978-4-7614-0822-0　C3037

**LCSA 学齢版 言語・コミュニケーション発達スケール**

大伴潔・林安紀子・橋本創一・池田一成・菅野敦 編著

●B5判変型［施行マニュアルと課題図版のセット］／定価5500円

小学校第1学年から第4学年の児童対象。サマリーシート作成用ソフトや記録用紙が学苑社サイトからダウンロード可能。

---

**アセスメントにもとづく学齢期の言語発達支援**

▼LCSAを活用した指導の展開

大伴潔・林安紀子・橋本創一 編著●B5判／定価3080円

「言葉に課題のある学齢児を想定し、LCSAを用いて支援の方向づけを行い、それにもとづく指導の方法を具体的に解説。

---

**言語・コミュニケーション発達の理解と支援**

▼LCスケールを活用したアプローチ

大伴潔・林安紀子・橋本創一 編著●B5判／定価3080円

子どもの発達に沿ったLCスケールの具体的な活用方法を詳細に解説。子どもに合った効果的な支援につなげるための1冊。

---

学校でできる

**言語・コミュニケーション発達支援入門**

▼事例から学ぶ ことばを引き出すコツ

池田泰子 編著 松田輝美・菊池明子 著●B5判／定価1980円

28事例をもとに、言語・コミュニケーションの基礎知識から支援までを理解するための入門書。

---

わかりやすい

**側音化構音と口蓋化構音の評価と指導法**

▼舌運動訓練活用法

山下夕香里・武井良子・佐藤亜紀子・山田紘子 編著●B5判／定価3960円

指導が難しいとされてきた側音化構音と口蓋化構音のわかりやすい評価から具体的な指導法までを解説。Q&Aも収録。

---

**シリーズ きこえとことばの発達と支援**

特別支援教育・療育における

**聴覚障害のある子どもの理解と支援**

廣田栄子 編著●B5判／定価4180円

---

特別支援教育における

**言語・コミュニケーション・読み書きに困難がある子どもの理解と支援**

大伴潔・大井学 編著●B5判／定価3300円

---

特別支援教育における

**構音障害のある子どもの理解と支援**

加藤正子・竹下圭子・大伴潔 編著●B5判／定価3850円

---

特別支援教育における

**吃音・流暢性障害のある子どもの理解と支援**

小林宏明・川合紀宗 編著●B5判／定価3850円

---

富田分類から学ぶ

**障害の重い子どもへのコミュニケーション支援**

▼いつでも・どこでも・誰でも・すぐにできる

富田朝太郎 著●B5判／定価2200円

言語聴覚士が考えたコミュニケーション支援の入門書。「支援者を支援する仕組みづくり」から「子どもへの支援」につなげる。

---

保護者の声に寄り添い、学ぶ

**吃音のある子どもと家族の支援**

▼暮らしから社会へつなげるために

堅田利明・菊池良和 編著●四六判／定価1870円

尾木ママこと尾木直樹氏推薦！ NHKEテレ「ウワサの保護者会」気づいて！きつ音の悩み」著者出演から生まれた本。

〒102-0071 東京都千代田区富士見2-10-2
https://www.gakuensha.co.jp/

学苑社

TEL 03-3263-3817　FAX 03-3263-2410
info@gakuensha.co.jp　税10%込みの価格です